2017-2018年中国工业和信息化发展系列蓝皮书

The Blue Book on the Development of
Internet Industry in China (2017-2018)

2017-2018年
中国互联网产业发展
蓝皮书

中国电子信息产业发展研究院　编著

主　编／王　鹏

副主编／安　晖　陆　峰

人民出版社

责任编辑：邵永忠
封面设计：黄桂月
责任校对：吕　飞

图书在版编目（CIP）数据

2017－2018年中国互联网产业发展蓝皮书／中国电子信息产业发展研究院
　编著；王鹏 主编．—北京：人民出版社，2018.9
ISBN 978－7－01－019741－8

Ⅰ.①2… Ⅱ.①中… ②王… Ⅲ.①互联网络—高技术产业—产业发展—研究
　报告—中国—2017－2018　Ⅳ.①F492.3

中国版本图书馆 CIP 数据核字（2018）第 204705 号

2017－2018 年中国互联网产业发展蓝皮书

2017－2018 NIAN ZHONGGUO HULIANWANG CHANYE FAZHAN LANPISHU

中国电子信息产业发展研究院 编著

王鹏 主编

人 民 出 版 社 出版发行

（100706　北京市东城区隆福寺街 99 号）

北京市燕鑫印刷有限公司印刷　新华书店经销

2018 年 9 月第 1 版　2018 年 9 月北京第 1 次印刷
开本：710 毫米×1000 毫米 1/16　印张：13
字数：210 千字　印数：0,001—2,000

ISBN 978－7－01－019741－8　定价：55.00 元

邮购地址　100706　北京市东城区隆福寺街 99 号
人民东方图书销售中心　电话（010）65250042　65289539

前　言

　　党的十九大报告提出："推动互联网、大数据、人工智能和实体经济深度融合，在中高端消费、创新引领、绿色低碳、共享经济、现代供应链、人力资本服务等领域培育新增长点、形成新动能"。随着互联网在经济社会大规模部署应用和普遍安装，互联网已经从技术应用向通用基础设施和创新要素转变，驱动着实体经济组织模式、运作模式、服务模式和商业模式全面变革和创新，快速推动以互联网为主要特色的网络新经济的发展。互联网和实体经济深度融合创新，将推动实体经济加速转型升级，将更好地适应新常态、把握新常态和引领新常态，开启实体经济发展新模式、新征程和新时代。

一

　　互联网深度创新应用，推动了实体经济组织模式、运行模式、服务模式、商业模式全面创新。

　　一是互联网正在颠覆实体经济传统组织模式。互联网正在深刻地影响实体经济传统组织模式，平台化组织、网络化协作、众包众创等新型组织模式正在成为企业新的组织模式，企业管理、组织和资源整合能力得到大大增强。另外，网络化管理、平台化的组织带来的零边际成本效应，正在颠覆企业金字塔型的管理模式，让企业管理走向网状化和扁平化，市场响应能力和决策能力大幅提高，一线员工创造潜力得到极大挖掘。不仅阿里巴巴、猪八戒网、滴滴出行、摩拜单车、菜鸟物流、美团等互联网公司正在利用网络平台分别在零售、工业设计、交通出行、物流运输、外卖服务等领域创新传统企业组织模式，实现社会资源的有效整合，推动传统行业互联网条件下的变革升级。传统制造企业也正在加速利用互联网改变其组织模式，海尔企业平台化、员工创客化、用户个性化的转型模式探索也正在颠覆传统制造企业管控模式，建立适应信息生产力发展的生产关系，激发企业各环节员工的创造性。

二是互联网正在颠覆实体经济传统运作模式。互联网正在深刻影响实体经济传统运作模式，凭借互联网信息获取的便捷性，低成本快速试错，多款少量、以销定产，从大规模、批量化的大众服务转为多批次、小批量的小众服务，提供个性化定制服务，已经成为许多企业适应新常态、把握新常态、引领新常态的重要途径。依托网络平台，紧盯市场、随机应变，低成本快速学习，已经成为许多企业快速响应市场需求、提高市场变化应对能力、加速技术和产品创新的重要法宝。依托社交网络，利用碎片时间，深度影响用户，实现低成本高频互动，推进企业用户向企业粉丝转变已经成为许多企业提高用户粘性、培育企业粉丝的主要模式。红领制衣、海尔冰箱、尚品宅配等企业个性化定制服务模式创新，推进了供给侧改革，激发了消费者的需求，成为行业发展的领头羊，引领着行业发展方向。韩都衣舍、凡客诚品凭借"款式多，更新快，性价比高"的产品理念，深得全国消费者的喜爱和信赖。小米公司手机"橙色星期五"的研发测试模式培育了一大批忠实发烧友和粉丝，雷军、马云等一众企业家，都是通过网络自我营销手段，培育了一大批忠实粉丝。

三是互联网正在颠覆实体经济传统服务模式。互联网正在深刻影响实体经济传统服务模式，移动服务、就近服务、O2O体验服务、在线监测、远程运维等新型服务模式孕育而生，服务业态创新改变了生产者和消费者之间的关系，客户连接更加紧密，供求关系更加高效对接。滴滴出行、百度外卖、大众点评、携程等公司移动服务、就近服务深刻改变了出租车、餐饮、住宿等行业服务模式，解决大众生活出行的痛点，促进了供求信息高效匹配和精准对接。苏宁易购、顺丰嘿店、京东到家等服务模式正在让线上线下服务融合更加紧密，客户体验更加优化。三一重工、陕鼓集团、振华港机等公司装备产品在线监测、远程运维等服务模式正在深刻改变装备制造业的服务模式，不仅提高了重大装备故障预判率，优化了售后运维供应链服务体系，更是拓展了装备产品价值来源，推进了工程装备企业服务化转型。

四是互联网正在颠覆实体经济传统商业模式。互联网改变了企业的客户关系，个性化定制、用户全程参与、服务化转型等服务商业业态创新已经成为企业应对经济新常态，增加用户服务价值的主要手段。红领西服个性化定制、小米手机用户参与设计、海尔空调用户全程参与制造、陕鼓集团服务化转型等各类业态创新，已经让此类企业成为行业的领头羊。互联网强化了企业的连接关系，企业之间的竞争更加激烈、合作更加紧密，催生的平台型竞争、产业链竞争、生态圈竞争让传统竞争更加健康有序。苹果、谷歌各自依托互联网在智能手机领域整合产业链上下游资源，构建起了两大移动服务帝国，阿里巴巴和京东两大公司以电子商务起家，正在向集电商、金融、数据于一体的网络帝国迈进。互联网正在改变实体经济的变现模式，羊毛出在猪身上、平台交叉模式等商业模式正在从互联网虚拟经济向实体经济渗透，从消费互联网向产业互联网领域渗透。

二

　　互联网为实体经济转型升级和变革创新发展注入了新动能。

　　一是互联网打通了束缚实体经济发展的信息流动壁垒。互联网打通了束缚实体经济发展的信息流动壁垒，实现了信息在消费者、研发设计、生产制造、仓储物流、经营销售之间的无障碍流动，促进了机器之间、车间之间、人与物之间的信息流动，培育了个性化定制、协同制造、智能物流、电子商务的发展，提高了生产者对消费者需求的挖掘能力。互联网促进了商贸信息、物资信息、技术信息、人才信息流动更加匹配，以信息流带动技术流、资金流、人才流、物资流，促进资源配置优化，促进全要素生产率提升，为推动创新发展、转变经济发展方式、调整经济结构发挥积极作用。

　　二是互联网让实体经济发展摆脱了资源环境等外在条件约束。互联网为企业发展开拓了新的发展空间，让企业许多服务在网络空间以逼近零边际成本，突破了时空、资源和成本约束，促进了业态创新。未来社会，物理空间和网络空间并驾齐驱，物理空间受到各种时间空间、环境资源等外在条件约束，企业发展空间有限。网络空间不受时空、资源、环境等外在条件约束，将成为企业把握未来生存主导权的又一重要战略要地。阿里巴巴正是马云前瞻到了未来全社会商务形态是基于网络空间信息流来引领线下物质流、资金流和技术流，超前布局，率先构建起了支撑未来商业运行的电子商务基础设施，让阿里巴巴成为网络空间中全球最大的商业帝国。

三是互联网为实体经济发展营造了更加公平透明的发展环境。互联网让企业置于信息更加透明、竞争更加充分、资源更加充裕的发展环境中，要求企业通过技术服务创新、开放合作和资源整合来寻求发展。互联网弥补了信息的不对称，政策信息、供求信息、价格信息、物流信息、物资信息等都极度透明，靠垄断信息获取发展的时代已经一去不复返。互联网让所有企业都处在同一个平台上竞争，全行业竞争、全球化竞争、开放式竞争、产业链竞争、生态圈竞争，既有竞争又有合作。

四是互联网增强了实体经济发展的资源整合和要素配置能力。互联网正在颠覆实体经济要素配置模式，众包众创、生态圈竞争、全球合作等模式极大地整合了资源，优化了要素资源配置。滴滴出行、猪八戒网、回家吃饭网、小猪短租、微商、人人快递等模式在交通出行、工业设计、餐饮住宿、商贸物流领域开启了众包众创时代，社会闲置资源得到了优化配置。阿里巴巴、亚马逊、苹果、谷歌等互联网企业围绕主营业务打造产业生态圈，加速了经济全球化，促进了产业链合作，优化了全球资源要素配置。

五是互联网倒逼着束缚实体经济发展的体制机制障碍加速破除。互联网已经成为全面深化改革的重要驱动力，正以鲇鱼效应倒逼着多个领域改革步伐加速，破除体制机制障碍，以新的信息生产关系来更好适应和解放信息生产生产力的发展。交通出行、金融、新闻媒体、医疗卫生、文化教育等领域互联网应用业态的创新，正在以"打人民群众战"之势倒逼上述行业加速改革，为推进出行绿色化、金融普惠化、个体品牌化、服务均等化、完善服务供给模式提供制度保障。众多互联网企业漂洋过海赴美上市显示出了我国股权投融资市场与国家创新战略的极大不匹配，倒逼着我国股权投融资市场体制机制加速改革，积极探索复杂股权结构互联网企业国内上市模式。电商假货、互联网金融诈骗、直播涉黄等互联网新业态问题，倒逼着我国网络社会信用体系加速构建，为实体经济发展提供更加健康诚信发展环境。

三

基于上述思考，赛迪智库研究编写了《2017—2018 年中国互联网产业发展蓝皮书》。本书从推动互联网与实体经济深度融合，全面展现中国互联网发展的生动实践角度出发，系统分析了 2017 年我国互联网产业发展情况，对基本情况、细分行业、主要企业、政策环境、年度热点和未来展望等方面进行了全景式研究。全书分为综合篇、行业篇、企业篇、政策篇、热点篇、展望篇共 6 个部分。

综合篇，从 2017 年全球及我国互联网发展总体情况、基本特点展开分析，并总结论述了全球互联网治理情况以及我国"互联网＋"战略实施情况。

行业篇，选取移动互联网、工业互联网、电子商务、云计算、大数据、分享经济、互联网安全等重点领域进行了专题分析，全面论述了各细分领域在 2017 年的发展情况和主要特点，并提出了相关建议。

企业篇，依托于行业篇确定的细分领域，选择核心竞争力强、经营规模居于前列、具有行业代表性的企业展开研究，着重分析了各个企业在 2017 年的总体发展情况和重点发展战略。

政策篇，全面梳理和分析了 2017 年中国互联网发展面临的整体政策环境，并对国家 2017 年颁布和正式实施的重要法律法规和政策文件进行了重点解析。

热点篇，结合我国互联网产业发展情况，重点选择了具有年度影响力的典型热点事件展开分析。

展望篇，结合我国互联网产业发展面临的国际国内形势，在系统展现国外重点研究机构的预测性观点基础上，展望了 2018 年中国互联网发展走向。

当前，互联网与实体经济进入全面深度融合发展新阶段，驱动引领经济社会发展的作用进一步凸显。中国特色社会主义进入新时代，互联网发展也进入了新时代。我们既要肯定过去一年中国互联网发展新实践取得的新成就，也要正视发展中存在的问题和矛盾，总结经验，在习近平新时代中国特色社会主义思想指引下，坚持新发展理念，全面推动中国互联网高质量发展。

目　　录

政　策　篇

热　点　篇

展　望　篇

综 合 篇

第一章　2017 年全球互联网发展状况

2017 年，全球互联网普及速度趋缓，推动普遍服务成为提升网络普及的瓶颈，各国将数字经济作为推动经济增长的驱动力，通过出台政策措施法规大力推动数字经济发展，电子商务、云计算、物联网等主要细分领域继续保持稳定增长，5G、窄带物联网、人工智能、量子计算、量子通信等新兴领域快速发展，走向应用。全球互联网治理取得新进展，无人驾驶、共享经济等领域的法律法规陆续出台，全球各国在打击网络恐怖主义、惩治网络犯罪上取得积极进展，对社交媒体引发的舆论、伦理问题更加重视并通过法律、行政等手段进行监管。

第一节　全球互联网整体发展状况

一、网络普及速度趋缓，普遍服务成为关键

根据国际电信联盟（ITU）的数据，截至 2017 年，全球有 80% 的国家拥有国家宽带计划，已有 156 个国家推出了国家宽带计划，比 2016 年增长 5 个，全球推出国家宽带计划的国家数量增长近几年已趋于稳定，目前仍有 35 个国家没有制定国家宽带计划。根据联合国宽带可持续发展委员会近两年的宽带状况报告，2017 年，全球人口的 48%（约 35.8 亿）已经接入互联网，比 2016 年的 47%（35 亿）提高了 1 个百分点。而 2015 年全球接入互联网人数为 32 亿，2016 年比 2015 年上网人口数增长 3 亿，相较之下，2017 年比 2016 年仅增长 0.8 亿，网络普及速度明显下降，全球仍约有 39 亿人无法获得互联网服务。

2017 年，多个国家继续大力推动宽带普遍服务，让互联网惠及偏远地区人口。印度加大"数字印度"在农村地区的建设力度，推行资费便宜的网络服务，计划将覆盖 15 万个村庄。瑞典通过修改瑞典农村发展计划（2014—2020 年），大幅增加网络基础设施的投资。英国追加投入 4.4 亿英镑，为偏远地区实现超高速宽带网络服务。美国通过降低宽带速率标准，来减小运营商建设成本，促进偏远地区宽带的普及。泰国主要以便捷的移动网络服务为突破口，向贫困人口免费提供 SIM 卡，帮助其使用网络服务。但可以看到，推动普遍服务的国家以发达国家和具有一定经济实力的发展中国家为主。截至 2017 年，发展中国家互联网普及率为 41.3%，最不发达国家的互联网用户普及率仅为 17.5%。另据联合国贸发会议发布的《2017 年信息经济报告》，网络覆盖的城乡差距显著，3G 网络覆盖了 89% 的城市地区，而农村地区只有 29% 的覆盖率。由于偏远和农村地区缺乏基础设施、资金和技能，推动欠发达地区网络普遍服务、让这部分人口上网仍然任重道远。

二、数字经济发展空前，成为经济增长驱动力

2017 年，数字经济浪潮席卷全球，主要国家空前重视，出台相关战略和政策措施，推动数字经济发展。法国公布《数字领域法国国际战略》，规划了法国在互联网治理、数字经济发展和网络安全保障等领域的发展实施原则和目标，提出将大力推动法国信息技术领域企业走出法国和欧盟，开拓全球市场，同时将继续推动国际互联网治理走向多元化，提升法国在数字领域的国际影响力。为鼓励数字领域的创新创业，法国还在巴黎 13 区启动建设初创公司园区 Station F，已有谷歌、脸谱等巨头和众多初创企业落户园区。英国通过《数字经济法案》，规定了建设数字基础设施和服务、完善数据共享、限制未成年人访问色情网站、打造数字政府和加强数字知识产权保护等内容，是英国打造世界领先的数字经济和全面推进数字转型的重要部署。此外，法案批准了对骚扰电话的严厉处罚，并就电视牌照费、监管机构职能等作出规定。新加坡设立了智慧国及数字政府工作团，统筹推动数字战略实施，以数字技术提高公众生活质量和便利程度，促进企业提升效率、降低成本，发展新业态，创造就业机会等。瑞典在其发布的《新型工业化战略》中突出了"智能

4

产业"，强调必须站在数字化转型的最前沿并采取可持续的生产方法以保持在国际市场的竞争力，提高瑞典工业部门在全球价值链上高附加值市场的竞争力；瑞典还设立了数字化委员会支持国家数字战略的执行。可见，全球主要国家和地区已将发展数字经济作为打造全球竞争力的重要手段。

数字经济对经济社会发展的推动效用日益显现，根据 2017 年 10 月联合国贸发会议发布的信息经济报告，数字经济已经并将继续对人类的生活、工作和经济发展方式产生全球性、颠覆性的影响，数字经济为贸易和发展创造新的机会，信息通信技术、电子商务和其他信息技术正在促进企业发展和生产变革，带来就业机会，推动创业创新，帮助发展中国家的小型企业与全球市场建立联系，开辟新的收入来源。根据第四届世界互联网大会发布的《世界互联网发展报告 2017》，目前全球 22% 的 GDP 与涵盖技能和资本的数字经济紧密相关。但同时也应注意到，数字经济的发展也为全球发展带来一定挑战。由于数字红利可能会主要集中在一些具有资本实力和技术积累的国家或企业身上，网络效应会使先驱者和标准制定者获利，"赢者通吃"会显著体现在以平台为重要基础的数字经济中，从而导致两极分化和收入不平等的加剧。因此，许多发展中国家，尤其是最不发达国家，并未准备好抓住数字化带来的机会，对它们而言，应该缩小数字鸿沟，在新一轮的数字经济发展中尽快赶上，否则就会面临着特别艰巨的挑战。

三、主要领域稳步发展，新兴领域快速崛起

2017 年，全球互联网主要细分领域继续保持较高速增长。根据联合国贸易和发展会议的数据，2017 年，全球电子商务市场规模达到 25 万亿美元，比 2015 年增长 13.1%。根据 Gartner 的数据，2017 年，全球公共云服务市场规模将达到 2602 亿美元，较 2016 年增长 18.5%，继续保持较高增长速度。根据国际数据公司（IDC）的预测，2017 年全球在物联网上的支出将超过 8000 亿美元，同比增长 16.7%，预计到 2021 年，在企业物联网软件、硬件、服务和连接方面投资的引领下，全球物联网方面的支出将接近 1.4 万亿美元。移动互联网方面，根据应用数据与分析服务商 App Annie 的数据，截至 2017 年底，iOS App Store 和 Google Play 已经分别拥有超过 200 万和 350 万的应用；

整体上，2017 年全球 APP 下载量高达 1750 亿次，比 2015 年增长了 60%，2017 年 APP 商店消费额超过 860 亿美元，增长了 1 倍多，用户每月平均使用接近 40 款 APP，平均每天花费近 3 小时使用 APP，使用时长增长了 30%。

互联网领域新兴技术、产业和应用也在 2017 年迸发出活力。2017 年，各方不断加大 5G 部署力度，推动 5G 迈向商用。2 月的世界移动通信大会上，全球主要通信运营商和通信设备供应商纷纷宣布加快推进 5G 计划，并拟制定一个中间标准，计划在 2019 年大规模部署 5GNR，比之前普遍预期的 2020 年提前整整一年。3 月的 3GPP RAN 会议同意了标准加速建议。12 月，5GNR 首发版正式冻结并发布，标准的发布是实现 5GNR 全面商用的关键环节，将极大提升移动通信能力。随着标准不断加速完善，行业企业在紧锣密鼓地进行着测试与部署，各国的 5G 战略也已就位。俄罗斯正加快建设 5G 通信网络，莫斯科组织主要通信运营商成立联盟，共同研发 5G 技术，Megafon 公司计划于 2018 年足球世界杯期间，在莫斯科和圣彼得堡安排 5G 网络测试。韩国宣布在 2018 年平昌冬奥会上启动 5G 网络。英国计划投入 1600 万英镑建立一个 5G 网络，用于测试 5G 相关新技术。巴西政府确定实施 5G 网络计划项目。

2017 年，全球主要运营商纷纷加大窄带物联网（NB－IoT）布局力度。近年来，随着移动设备的快速普及，如何利用物联网打造万物互联生态系统并拓展这一巨大市场，成为各运营商重点思考的战略方向。尽管窄带物联网（NB－IoT）标准刚刚在 2016 年确定，但由于该技术使用的是授权频段，而且是 5G 的前奏和基础，其在 2017 年迅速吸引全球运营商争相布局，并走向部署应用。2017 年初，沃达丰在西班牙推出 NB－IoT 网络，并将其拓展到新西兰、德国和澳大利亚等国。德国电信加速 NB－IoT 拓展计划，在德国、荷兰、希腊等 8 个国家部署 NB－IoT 网络。美国 AT&T、Verizon 和 Sprint 三家运营商均表示将先采用 LTE－M 网络，后部署 NB－IoT 网络；美国公司 T－Mobile 专注于发展 NB－IoT 技术，并已完成技术测试。新加坡第一通公司推出了 NB－IoT 服务，帮助新加坡的"智慧国"建设。

2017 年，人工智能的发展继续如火如荼，其与生存生活的结合也越来越紧密，典型产品和应用不断涌现。美国在人工智能与制造业融合方面取得积极成效，结合多种制造技术的新型机器人让人耳目一新，并解决实际问题，波士顿儿童医院和哈佛大学合作研发的软体机器人，可在不与血液接触情况下，帮助心脏跳动泵血；斯坦福大学设计出的新型智能抓手装置，能在太空微重力下，实现对不同形状物体的抓放自如。美国在人工智能芯片领域取得诸多突破，IBM 制造出了 5 纳米芯片，并研发了模拟人脑神经网络的 64 位芯片；英特尔发布了可自主学习的神经模拟原型芯片；麻省理工学院开发出可实现高效深度学习的光学芯片，兼具能耗低、速度快的优势。以色列在诸多领域创新研发出人工智能应用，Dragonera 公司利用人工智能和微服务技术，将软件研发周期缩短至 14—45 天；Invertex 公司利用人工智能和 3D 成像技术开发的 APP，利用智能手机摄像头扫描脚部，分析用户脚的尺码，推荐合适鞋子款式和尺码；Intuition Robotics 公司综合认知计算、语音识别、计算机视觉等技术开发的人工智能机器人伴侣 Elli，能主动与老人互动并提供活动建议。韩国首尔大学研发的无人驾驶汽车 SNUver 已在实际道路上实现试运行；LG 研发出基于 LTE 的车联网终端和自动驾驶汽车的安全技术。日本东京大学利用机器学习的"迁移学习"技术，让人工智能通过自我学习迭代，将确定物质界面构造的计算量降低为原来的 1/3600，将帮助加快新材料研发速度；日立制作所为人形机器人 EMIEW3 开发出能够自行学习的语音交互技术，在无法回答客人问题时，其可通过向工作人员进行简单确认来理解客人意思，进而作出答复；三菱电机、安川电机推出了人机协作机器人、人工智能机器人、智能工厂集成式解决方案。俄罗斯 Yandex 公司正在开发一款名为 Alice 的人工智能语音助手，将整合 Yandex 公司的所有服务，未来将与谷歌的 Home 以及亚马逊的 Echo 在国际市场展开竞争；俄南乌拉尔国立大学制造出的神经网络系统，可根据心理学理论认知人类心理，按照求职者心理特征为其分配合适的工作岗位，该系统的测试版将提供给大型企业人事部门、心理学家试用。

2017 年，量子计算和量子通信研发力度不减。谷歌在 4 月宣布，将在已推出 9 量子位计算机的基础上，于年底推出 49 量子位处理器。IBM 在 5 月将"BMQ"系统处理器量子位推至 16 位，在 11 月宣布研制出 20 量子位处理器，并宣布已构建 50 量子位处理器原型，并在年底宣布将与三星、摩根大通和巴克莱银行等 12 家主要公司合作，测试量子计算机。日本东京大学发明了利用在光路上连成一列光脉冲的技术，实现用最小规模电路结构进行大规模计算的光量子计算方法，理论上其可处理 100 万个以上量子比特的运算，既能促进光量子计算机的大规模化，又能大幅减少所需资源和成本，有望为光量子计算机带来创新。德国宣布研发量子通信计划，利用单个光子处理和传输信息，建立高度安全的量子通信网络。

第二节　全球互联网治理情况

一、互联网新兴领域法律不断探索完善

互联网新技术、新应用、新业态快速发展，对现有法律法规带来冲击，为更好适应互联网新模式和新业态，2017年，不少国家在细分领域修改或出台了相关法律，更好促进新兴领域发展。德国为适应和促进自动驾驶发展，修改了现行的道路交通法，给予自动驾驶和驾驶员同等法律地位，允许高度或全自动驾驶系统代替人类驾驶，驾驶员甚至可在自动驾驶时放开方向盘，还规定了自动驾驶模式下的驾驶员权利义务、责任认定、自动驾驶引发交通事故的赔偿事宜等，该修改反映了德国占领自动驾驶高地的战略追求。美国参众两院各自提出一部自动驾驶法案，预计2018年将获美国国会通过并成为法律，法案规定美国联邦在自动驾驶汽车的设计、制造和性能等方面具有立法优先权，允许自动驾驶汽车在公共道路上测试，探索自动驾驶汽车安全标准，并在包括网络安全、隐私保护等方面作出规定，法案有利于促进自动驾驶市场化，加速自动驾驶技术创新应用，彰显了美国推动自动驾驶发展的决心，法案也将给其他国家和地区带来示范效应。法国国会发布《共享经济税收法》，开启对共享经济的系统化监管，该法案把拥有一定收入的共享经济专职从业者，如网约车、共享住房专职从业者，纳入自由职业者范畴，要求其网上申报通过共享经济平台取得的收入，按照规定缴纳税款，该法案从税收政策角度入手，将共享经济从业者纳入自由职业者范畴并按其实际收入征税，通过税收手段进行调节，在一定程度上可以缓解共享经济对传统经济的冲击，规范市场竞争并减少税收流失。

二、打击网络恐怖主义成为各国普遍共识

近年来，国际恐怖主义抬头，网络和社交媒体成为其重要的传播、煽动与招募平台。越来越多的国家认识到，打击网络恐怖主义是国际反恐斗争的一个重点。2017 年，针对英国接二连三地发生恐袭，英国首相特雷莎·梅要求重新制定对包括 Google、脸谱、推特等在内的社交网络规范，避免让网络成为孕育恐怖分子的安全空间。欧盟决定加强边境信息系统共享和互联网反恐，并要求社交媒体采取必要措施防止恐怖主义内容在互联网上传播。英国、法国和意大利三国还宣布确定删除互联网恐怖主义内容的时限目标为 2 小时。整体来看，2017 年各国推动打击网络恐怖主义的政治共识不断增强，加大了反恐信息共享力度，但国际社会仍然没有形成统一的网络反恐准则，各国对网络恐怖主义的范围界定还存在一些分歧，影响了国际网络反恐体系的建立。不少反恐专家呼吁世界各国联合起来，实现对网络空间的"共同治理"。

三、各国致力于惩治网络犯罪获得突破

2017 年，"暗网"和勒索病毒成为全球网络犯罪焦点。暗网具有极高的隐蔽性，成为犯罪分子进行非法交易、网络犯罪的"天堂"，各国均充分意识到暗网给线上线下安全带来的危害并积极行动。英国国家犯罪局成立了暗网情报部门，积极与其他网络情报和执行部门合作。7 月，美国联邦调查局、美国缉毒局、欧洲刑警组织联合英国、加拿大、法国等十多个国家警力缉查，关闭了从事毒品、武器和其他非法物品交易的全球规模最大的暗网平台 AlphaBay。荷兰、俄罗斯等国家也积极打击网络犯罪。在多国联合打击下，暗网市场排名前四的交易市场均都被捣毁。但要彻底消除暗网中的网络犯罪绝非易事，打击暗网犯罪行为将成为各国未来长期的挑战。2017 年也是勒索病毒集中爆发的一年，对全世界的互联网安全造成了严重威胁，再次敲响了网络安全的警钟。据统计，2017 年第一季度，勒索病毒新变种比上年同期增加了 4.3 倍。勒索病毒的暗网销售量也一度暴增 25 倍，销售额高达 6200 万美金。全球主要网络安全公司积极应对，提供防护技术、服务以及修复策略，用户升级防护措施，一定程度控制了勒索病毒的蔓延。

四、社交媒体的舆论伦理问题引起重视

随着社交软件的广泛普及，社交媒体已成为主要人物和公众发布和获取信息的重要载体和平台，对公众意见和舆论的引导作用空前，也引发了越来越多的政治、伦理问题。多国将社交媒体作为角逐政治活动的重要工具，牛津大学发布《网军、巨魔和麻烦制造者：社交媒体操纵组织全球清单》，对20多个国家的网络空间活动进行了比较介绍，如英国军方的"77旅"在Facebook和Twitter上对敌人进行"非致死性心理作战"；2017年发生多国指责他国利用社交媒体干扰本国大选的事件。社交媒体正成为伦理问题的重灾区，4月，美国一名男子因人生失意，随机找到一位74岁的人将其枪杀，并将杀人视频上传到Facebook；之后，一名泰国男子将杀害11个月女儿的视频发布在Facebook上，引发巨大伦理争议。随后，Facebook的CEO扎克伯格宣布再聘请3000位内容审核员，加强对仇恨、虐待、谋杀等内容视频的审查。谷歌公司也在招聘大量审核员，以减少视频网站YouTube上的问题内容。社交媒体带来的问题引起各国重视，多个国家通过法律、政策和商业监管等手段，加强社交媒体违规内容的监管。9月，美国联邦政府发布新规，在移民档案中增加"社交媒体名称、相关识别信息以及搜索结果"等条目。德国以法律形式要求社交媒体加大对违规内容的打击，强制用户数量超过200万的社交网络平台设置举报系统，明显违法的内容须在24小时内删除。英国发布《新的数据保护法案：我们的改革》报告，计划通过一部新的数据保护法案来强化数字时代的个人信息和隐私保护，给予公众更多的个人信息控制权。

第二章 2017 年中国互联网发展状况

2017 年，中国互联网行业继续保持蓬勃发展态势，网民规模增长趋于稳定，网民结构小幅调整；个人应用快速增长，移动互联网主导地位得到强化；基础资源居世界前列，信息网络建设取得积极成效。行业发展表现出新业态新模式持续发展、互联网企业积极开拓市场、互联网企业实力持续增强、应用创新向技术创新挺近等新特点。中国各领域"互联网＋"行动快速推进，"互联网＋制造""互联网＋政务服务""互联网＋农业"取得显著成效。

第一节 中国互联网产业发展情况

一、网民规模增长趋稳，网民结构小幅调整

随着我国人口红利逐渐消失，网民增长率趋于稳定，截至 2017 年 12 月，中国网民数量达 7.72 亿，相较 2016 年 12 月新增网民数 4074 万，增长率为 5.57%，低于 2016 年同期 6.2% 的水平。互联网普及率达 55.8%，较 2016 年 12 月提升 2.6 个百分点，低于 2016 年同期 2.9 个百分点的水平。从年龄结构来看，10—39 岁群体仍为网民主力，截至 2017 年 12 月，该年龄层网民数量约占整体的 73%。互联网持续向中高龄群体渗透，相较 2016 年底，40 岁及以上群体占比增长 0.6%，其中 60 岁以上群体占比提升 1.2%。此外，随着经济水平的不断提高，网民收入水平呈递增趋势，截至 2017 年 12 月，网民中月收入在 2001—3000 元及 3001—5000 元的群体占比较高，分别为 16.6% 和 22.4%，较 2016 年底，月收入超过 5000 元的网民群体占比提升 3.7 个百分点。

二、个人应用快速增长，互联网移动化趋势愈加明显

2017 年，我国个人互联网应用继续保持快速发展态势，各类应用用户规模均呈上升趋势，其中网上外卖与互联网理财用户规模增长最快，年增长率分别为 64.6% 和 30.2%，网络购物类应用保持较快增长，半年增长率达 10.2%；移动端应用方面，用户规模增长最为明显的两个应用分别为手机外卖与手机旅行预订，年增长率分别为 66.2% 与 29.7%，其中，手机外卖类用户规模达到 3.22 亿。

我国手机网民比例持续提升，截至 2017 年 12 月，我国手机网民规模为 7.53 亿，相较 2016 年 12 月增加 5734 万，手机网民占比由 2016 年底的 95.1% 上升为 97.5%。手机应用方面，移动支付类用户规模达 5.27 亿，线下消费中使用手机支付的占比持续提升，由 2016 年 12 月的 50.3% 上升至 65.5%。移动互联网行业整体发展呈现三个特点：一是应用平台更加关注内容品质的提升；二是综合类应用为扩大自身影响力，不断融合多种功能打造一体化服务；三是行业持续走向模式创新，大数据应用愈加明显。

三、基础资源居世界前列，上网设备呈现新特点

截至 2017 年底，我国 IPv4 地址数量达到 3.38 亿个、IPv6 地址数量达 23430 块/32，年增长 10.6%，二者总量均居世界前列；国际出口带宽达到 7320180Mbps，较 2016 年底增长 10.2%。互联网资源应用有较大提升，截至 2017 年 12 月，我国网站数量为 533 万个，相较 2016 年底增长 10.6%；我国网页数量达 2604 亿个，年增长 10.3%。从互联网接入设备来看，2017 年，得益于智能家居行业的迅速发展，用户使用智能电视上网的比例进一步提升，截至 2017 年 12 月，电视上网比例达 28.2%，较 2016 年同期提升了 3.2 个百分点；此外，台式机作为最主要的上网设备，使用率呈下降趋势，相较 2016 年底下降 7.1 个百分点。

四、线下支付向农村渗透，互联网理财趋于规范化

2017 年，我国移动支付用户数量持续增多，用户使用线下支付的习惯越

来越稳固，有65.6%的网民在线下消费中使用手机支付，较2016年底提升15.2%，线下支付加速向农村地区网民渗透，农村地区网民使用线下支付的比例也有较大提升，由2016年底的31.7%提升至47.1%。

据统计，2017年我国购买互联网理财产品的网民规模已达1.29亿，较2016年增长30.2%。截至2017年12月，我国购买互联网理财产品的网民达到1.29亿，较2016年12月增长30.2%，互联网理财方面，市场多元化发展趋势明显，线上线下融合发展进一步深入，互联网理财产品品类进一步增多，网贷理财产品收益率持续下降，随着行业政策的逐步出台，行业进一步向规范化发展。

五、信息网络建设取得积极成效，移动网络体系建设加速推进

我国光网城市取得全面成效，目前，我国共计13个骨干直联点全部投入运营，网间延时降低60%以上，丢包率降低90%，网络响应速度提高85%以上。我国宽带普及率持续提升，截至2017年第三季度，我国固定宽带家庭用户数量达32115.7万户，固定宽带普及率达72.5%；移动宽带用户数达113769.9万户，移动宽带普及率达82.3%。网络提速降费取得积极成效，据统计，4G平均下载速率同比增长30%，手机国内长途和漫游费全面取消，手机流量资费等大幅下降，此外，我国已超额完成互联网骨干网间互联带宽目标。我国物联网络部署已走在世界前列，2017年上半年，我国建成全球首个全覆盖NB–IoT（窄带物联网）商用网络，包含31万个NB–IoT基站。

移动网络体系建设方面，我国已经建成全球规模最大的4G网络，用户总数达9.62亿户。截至2017年11月，中国移动电话4G基站已达179万个，全业务传输网络1200万皮长公里。我国5G技术研发第二阶段取得阶段性成果，并率先发布了中频段频率规划，网络架构等技术成为国际标准。

第二节　中国互联网产业发展特点

一、互联网新业态新模式持续发展，创新型互联网企业不断涌现

2017 年，共享经济、新零售、人工智能、在线娱乐等新业态新模式持续发展，共享经济在 2017 年继续壮大，涉及领域不断宽广，"共享＋"业态日渐丰富，已成为我国经济发展新动力；新零售的出现加快了线上线下的一体化进程，形成电商平台与实体零售的合力，根据《2017 中国无人零售商店专题研究报告》，2017 年无人零售商店交易额预计达 389.4 亿元，2022 年市场交易额将超 1.8 万亿元。在线娱乐行业加速升温，我国网络视频用户规模已达 5 亿以上，视频付费渐成趋势，短视频行业从 2016 年兴起以来，2017 年发展迅速，2017 年我国短视频市场规模达 57.3 亿元，同比增长 183.9%；人工智能热潮在 2017 年持续升温，基于人工智能的新业态加速涌现。我国互联网领域独角兽企业的诞生速度加快，独角兽企业青睐"连接＋需求"的发展模式。最新数据显示，我国互联网领域估值超过 10 亿美元的独角兽企业达 58 家，数量居全球第二。独角兽企业在互联网领域的分布主要为在线出行、在线租赁、在线医疗、知识付费、现代物流、网络直播等。

二、互联网企业积极开拓市场，海外及本土农村市场成主要方向

随着我国网民规模增长趋于稳定，以及"一带一路"建设逐步推进，我国互联网企业加快全球化布局，大举开拓海外市场。一方面，互联网巨头阿里巴巴、腾讯与百度各自基于自身优势，分别在支付、社交、地图等领域积极布局欧美市场；另一方面，新兴企业在本土经验及优势的基础上，基于差异化定位，积极开拓发展中国家市场。以滴滴出行为例，其已经与东南亚、北美、南美等地的上千个城市展开业务合作，覆盖全球超过一半的人口。此外，我国互联网企业的跨境运营呈现出新的特点，一是从跨境运营逐步转向当地推广，二是发展战略从短期获利转入长期耕耘。

由于我国互联网城市与乡村发展存在较大差距，以互联网普及率为例，截至 2017 年 6 月，我国城镇地区为 69.4%，农村地区仅为 34.0%，个人应用使用率差异较大，我国农村网上外卖的使用率仅为 26.8%，我国农村互联网市场发展潜力较大。面对农村市场巨大的发展空间，我国互联网企业积极开拓本土农村市场，以电商为例，阿里巴巴、京东、苏宁等正通过农村淘宝、京东服务帮等形式，开拓农村电子商务，并加速农村物流布局。阿里巴巴已在 500 个县建立 28000 多个村点，已覆盖 3 万个村。在该趋势下，我国农村电子商务发展较快，据统计，2017 年上半年，我国农村网络零售销售额达 5376.2 亿元，比上年同期增长 38.1%，且农产品电商增速远高于电子商务整体增速。

三、移动互联网服务场景逐渐丰富，互联网平台走向生态化

2017 年，随着移动互联网用户规模的进一步提升及智能终端技术的快速发展，移动互联网服务场景不断丰富，各类智能终端数量迅速提升，以手机为中心的智能设备，正成为"万物互联"的基础，智能家居、智能汽车等智能终端设备不断开启个性化、智能化应用场景，为移动互联网创造更多价值空间。2017 年，我国各类综合应用为扩大自身影响力，不断拓展业务范围，持续将社交、咨询、出行及生活服务等纳入服务体系，打造一体化服务平台；互联网消费持续推进线上线下融合发展，新零售发展呈现出数字驱动、全渠道融合新特点；互联网医疗方面，服务模式逐渐清晰，在线服务平台持续推进消费者需求、数据、线下资源等的聚合，服务平台走向生态化。

四、互联网企业实力不断增强，互联网与产业融合愈加深入

《2017 中国互联网企业 100 强分析报告》显示，中国互联网自强企业的互联网业务收入总规模首次突破万亿大关，总计 1.07 万亿元，其中 31 家企业实现了 100% 以上的超高速增长。据统计，我国上市互联网企业营收连续 6 年增速在 40% 以上，总市值将突破 9 万亿元。2017 年，腾讯市值突破 4 万亿港元，成为仅次于苹果、谷歌、微软、亚马逊后的全球第五大科技公司，全球前十大互联网公司中，中国企业也占据四席。

2017 年，互联网与其他领域融合进一步深入，相关部委及各省市相继发布促进互联网与制造业、现代农业、零售业等领域融合发展的相关政策。一方面，新一代信息技术与消费领域深度融合，不仅推动电子商务进一步发展，还催生出无人零售、共享经济等新业态新模式，截至 2017 年 10 月底，我国网络零售额超过 5.5 万亿元，同比增长 34%，网约车日均订单数超 2500 万，共享单车用户规模超 3 亿。另一方面，互联网与生产制造业融合加快，设计、生产、营销、流通等各个环节的数字化、网络化持续推进，新的管理模式在推进供给侧结构性改革、实现产业转型升级等方面发挥的作用日渐凸显，据统计，我国数字化生产设备联网率已达 40%，30% 以上的制造业企业正在推进网络化协同发展，作为互联网与制造业融合媒介的工业互联网平台建设正在加快，海尔、红领、三一重工等分别推出工业互联网平台，大幅提升了制造企业的竞争力。据统计，2017 年 1 月至 11 月，我国规模以上互联网和相关服务企业完成业务收入 6409 亿元，同比增长 20.1%。

五、应用创新向技术创新挺近，技术红利的脉冲作用逐步显现

随着我国互联网用户规模增长逐渐趋缓，互联网发展人口红利逐渐消退，我国互联网产业正开始转向技术红利的挖掘，以云计算、大数据、人工智能为代表的新一代信息技术在企业中的应用越来越广泛，我国互联网产业在部分新技术领域开始展现优势，以人工智能为例，我国企业在机器学习、智能机器人、商业无人机、自动驾驶汽车等新技术方面不断取得新突破，我国人工智能发展开始赶超美国。百度阿波罗计划广泛集聚全球产业资源，其打造的自动驾驶技术开放生态已处于世界领先地位。在云计算领域，中国仅次于美国，领先于其他国家，阿里云已进入在全球云计算市场第一阵营行列，2017 年第三季度，阿里云的收入同比增长 99%，达到 4.47 亿美元。其云计算平台全球用户总量超过 230 万。此外，5G、量子通信、超级计算机等领域技术进步明显，部分领域技术呈现赶超态势。其中 5G 技术研发与应用领先全球，多项标准获得国际认可；人工智能技术研发取得阶段性成果，专利申请量超过美国。同时，技术应用场景进一步丰富，产业赋能作用快速提升，推动传统产业业态更新。

六、互联网发展环境更加完善，安全问题依旧威胁产业健康发展

2017 年，互联网治理加速迈入新阶段，呈现出新特点。中央及地方加快出台相关规范性和指导性文件。《网络安全法》的颁布成为我国网络空间法制建设的重要里程碑，其正式实施，表明我国对网络安全的重视已提升至前所未有的高度。我国互联网内容建设不断加强，2017 年，多地网信办以《网络安全法》等法律法规为依据，对微信、微博、贴吧等平台的互联网内容进行立案调查。互联网内容治理更加精细化，国家网信办 2017 年发布《互联网群组信息服务管理规定》等，明确将移动互联网群组纳入到网络治理的体系中，有效扩展了网络治理空间范围。此外，我国互联网治理的方式与手段持续创新，随着互联网与经济社会各领域的深度融合，互联网产业发展愈加融合化与生态化，新技术如无人驾驶、人工智能领域面临的法律问题日益凸显，我国互联网治理的手段在新技术推动下更加创新。

然而，2017 年网络安全事件依旧处于高发态势，如 2017 年 5 月的 WannaCry 勒索病毒事件、2017 年 10 月雅虎 30 亿用户账号信息泄露案等，网络恶意攻击、网络诈骗、信息泄露等问题威胁不减，僵尸网络、勒索病毒等新型网络攻击方式愈演愈烈，呈进一步蔓延态势，给互联网产业健康发展带来不利影响。

第三节 中国"互联网＋"战略实施情况

一、"互联网＋制造"实施情况

习近平总书记在党的十九大报告中指出：加快建设制造强国，加快发展先进制造业。李克强总理指出，要依托"互联网＋"和"中国制造 2025"，加快培育新动能、改造传统动能。2017 年以来，各部门深入落实"中国制造2025"战略，初步形成纵向联动、横向协同的工作机制，国家制造业创新中心建设、智能制造、工业强基、绿色制造、高端装备创新五大重点工程已全

面启动并取得积极成效，以智能制造工程为例，首批 109 个智能制造试点示范项目改造后生产效率平均提高 30% 以上，运营成本平均降低 20% 以上。制造业数字化、网络化、智能化水平持续提高，据统计，2017 年 1—11 月，全国规模以上工业增加值增长 6.6%，新旧动能转换加快，高技术产业、装备制造业增加值的增速分别为 13.5% 和 11.4%。企业产业技术水平和先进产能比重不断提高，近两年来技改投资在工业投资中占比 40% 以上，化解钢铁过剩产能超过 1.15 亿吨，制造业与互联网融合更加深入，重点制造业企业互联网"双创"平台普及率已达 59.6%。制造业与互联网融合促进了全产业全价值链之间的互联互通及高效协同，制造业与互联网融合促使企业内外部、企业之间及各生产环节之间的协同化发展，有利于制造业快速转型升级。

工业互联网推进情况。国务院于 2017 年 11 月印发《关于深化"互联网 + 先进制造业"发展工业互联网的指导意见》，在指导思想、基本原则、发展目标、主要任务以及保障支撑方面明确了我国工业互联网发展的方向，为当前和今后一个时期国内工业互联网发展提供指导和规范。工信部与各地政府通过示范试点项目积极推广工业互联网发展经验，2017 年，工信部评选出 70 个"制造业与互联网融合发展试点"项目，起到了鼓励和引导作用，各地方政府通过建立工业互联网创新中心、产业园区等方式来鼓励促进工业互联网的发展。制造龙头企业积极发挥自身力量布局工业互联网，航天云网、三一、树根互联、海尔、中移动、华为等企业积极创新商业模式，对内实施生产线智能化改造，对外提供生产经营、能力共享、工业电商等平台服务。此外，各行业机构与联盟组织也积极建设产业生态，积极开展产业需求、技术标准、安全保障、应用推广等方面的研究。

二、"互联网 + 政务服务"推进情况

2016 年 9 月，国务院印发《关于加快推进"互联网 + 政务服务"工作的指导意见》，对推进"互联网 + 政务服务"工作作出部署。2017 年 1 月，《"互联网 + 政务服务"技术体系建设指南》的出台，对"互联网 + 政务服务"提出了更具体的要求。在相关文件的指导下，我国电子政务稳步推进并取得积极成效，政府服务向智能化精细化发展，政务服务网上化速度显著加

快，网民线上服务使用率逐步提高，截至 2017 年底，我国共有 47941 个 . GOV. CN 域名，在线政府服务用户规模达 4. 85 亿，在全体网民中占比 62.9％，其中，微信城市服务用户数达 4. 17 亿次，比 2016 年底提升 91.3％。截至 2017 年底，我国政务微博数量达 134827 个，共有 31 个省区市开通政务微博，且政务微博影响力日益扩大，共青团中央微博一共被转发 189 万次，在政务微博中排名首位。此外，云计算、大数据、人工智能、移动互联网等新一代信息技术在政务服务中的应用加快，促使政务服务智能化发展。各类政务新媒体及服务平台不断完善服务范围，拓宽服务领域，新媒体政务服务由大城市向县域拓展。

三、"互联网＋农业"推进情况

国家对农村互联网设施建设充分重视，《加快高速宽带网络建设推进网络提速降费的指导意见》明确提出新增 1.4 万个行政村通宽带，在 1 万个行政村实施光纤到村建设，国家对农村互联网基础设施的建设和普及为"互联网＋农业"战略的实施提供了基础支撑，如利用大数据技术对地块的土壤、肥力和气候进行分析，可提升农业生产效率。新一代信息技术如物联网、大数据等为农业供给侧结构性改革提供了技术保障，我国农业服务设备已逐步覆盖生产和流通各环节，"农业互联网生态圈"正初步完善。据统计，国家粮食管理平台建设的"数字粮库"系统 1000 套已投入使用，截至 2017 年 11 月，全国一共 16 家众筹平台专门服务于农业领域。目前，涉及 11 个省份的 11 家"首批国家现代农业产业园"正在积极建设，产业园作为打造现代农业技术装备集成的载体，致力于利用信息化手段搭建农业信息系统，改变农产品流通模式，提升农业管理水平。目前，我国农业生产智能化、管理数字化、经营网络化、服务在线化水平大幅提升，农村信息化应用水平显著增强。

行业篇

第三章　移动互联网

第一节　总体发展情况

一、移动互联网主导地位得到进一步强化

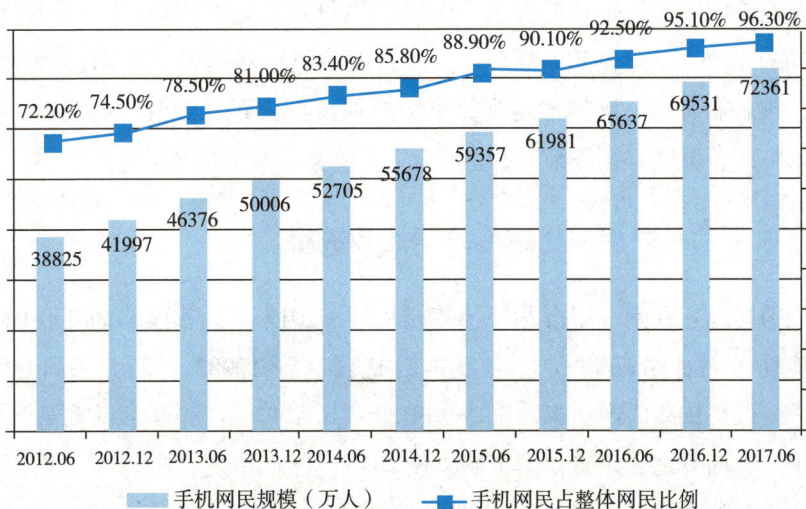

图 3 - 1　2012—2017 年中国手机网民规模及其占网民比例

资料来源：CNNIC，赛迪智库整理，2018 年 1 月。

我国手机上网比例持续提升，截至 2017 年 6 月，网民中使用手机上网的比例由 2016 年底的 95.1% 提升至 96.3%，我国手机网民规模达 7.24 亿，较 2016 年底增加 2830 万。各类手机应用的用户规模不断上升，场景更加丰富，强化移动互联网主导地位。其中，手机外卖应用增长最为迅速，用户规模达

到 2.74 亿，较 2016 年底增长 41.4%；移动支付用户规模达 5.02 亿，线下场景使用特点突出，4.63 亿网民在线下消费时使用手机进行支付。

二、智能手机出货量下滑，加剧市场竞争

2017 年，随着我国手机网民增长红利、4G 通信换机红利消失殆尽，国内智能手机市场竞争惨烈，各大手机厂商纷纷开展全渠道营销战略。国际调研机构 GFK 的数据显示，2017 年国内手机市场出货量 4.91 亿部，同比下降 12.3%，国产品牌手机出货量为 4.36 亿部，同比下降 12.4%。2017 年国内智能手机整体销量中，华为以 1.02 亿部稳坐第一，OPPO 以 7756 万部的销量位居第二，vivo 销量达 7223 万部，排名第三，市占率分别为 22.82%、17%、16%，苹果和小米的销量分别是 5105 万部和 5094 万部，市占率均为 11%，这五大品牌增长幅度在 5%—8% 之间。与此同时，魅族、金立、三星、百立丰以及联想的销售量排在后五名，各家的销量依次是 1681 万部、1494 万部、1107 万部、467 万部和 179 万部。国内智能手机市场已经开始向品牌垄断化发展，排名靠前的厂商越做越强，牢牢把握市场，而后五名厂商没有大刀阔斧的调整或者发展，正逐渐失利。

三、移动互联网应用市场增速逐步放缓

我国移动互联网应用市场增速逐步放缓。2017 年，我国移动互联网应用市场蓬勃发展，市场规模首次突破万亿，达到 10082.1 亿元，同比增长 54.8%，保持较高的增长率，全球 APP 商店、APP 内广告和移动商务产生的收入中，有四分之一来自中国市场，仅 2017 年第四季度，中国 APP 用户 APP 使用时长就远远超过了 2000 亿小时，超过第二大市场 4.5 倍，但较近年相比增长趋势放缓，市场逐渐趋于理性。我国移动互联网应用市场结构呈现动态稳定趋势。2017 年，我国移动互联网应用市场规模结构中，移动电商占比 17.5%，连年占据首位，占比靠前的还有移动音乐、移动 IM、移动游戏等。

四、移动互联网监管加速走向法治化和精细化

2017 年《网络安全法》的正式实施标志着我国互联网发展全面迈入法治

行 业 篇

化阶段，移动互联网作为互联网发展的重点领域，相关规范性和指导性文件大量出台，加快推动行业规范化发展。在社会管理方面，交通部等十部门联合出台了《关于鼓励和规范互联网租赁自行车发展的指导意见》，北上广深及成都等地也发布了相关指导性文件。在信息内容服务方面，网信办针对新闻信息服务管理先后发布了从业人员、信息服务、新技术新应用安全评估、服务许可等方面的规范。在社交网络方面，网信办针对跟帖评论、论坛社区、群组信息、用户公众账号先后发布了服务管理规定，并对信息内容管理行政执法程序做出了规范。"一行三会"针对互联网金融行业密集发布了一系列监管政策，网贷"1+3"制度框架搭建完成，网络小贷、现金贷、校园贷一律纳入监管，各类代币发行融资被定性为违法犯罪活动，支付开始限额。不过随着行业监管的加强和行业竞争的加剧，移动金融、移动O2O、移动出行、移动直播的行列都在进行深层次的调整，推动供给侧结构性改革。

第二节　主要特点

一、我国移动互联网产业进入存量经营阶段

在经济进入中高速增长的新常态下，供给侧改革创新与居民消费升级的趋势显现，我国移动互联网产业将从依靠人口红利驱动的规模性增长模式转向存量经营，行业整体向内容品质化、平台一体化和模式创新化方向发展。一是各移动应用平台进一步深化内容品质提升，专注细分寻求差异化竞争优势。二是各类综合应用不断融合社交、信息服务、交通出行及民生服务等功能，打造一体化服务平台，扩大服务范围和影响力。三是移动互联网行业从业务改造转向模式创新，引领智能社会发展，从智能制造到共享经济，移动互联网的海量数据及大数据技术的应用，为社会生产优化提供更多可能。

二、我国移动互联网企业在海外市场影响逐渐增大

随着"一带一路"建设以及移动互联网企业加速在海外布局，移动互联

25

网的迅猛发展为我国互联网企业"走出去"提供了机会，海外市场已成为我国移动互联网不可或缺的一部分。"一带一路"倡议的提出为移动互联网企业及商业模式创新带来重大机遇，我国作为全球移动互联网产业增长的重要引擎，相对"一带一路"沿线其他国家，在移动互联网领域具有明显的比较优势。App Annie 的数据显示，2017 年，中国 APP 发行商在"一带一路"沿线国家的下载量占比远超以往，达到 55%，而且我国的影响力在未来几年很可能继续增强。同时在国内市场主要为互联网巨头操纵的形势下，我国中小发行商正积极在大陆市场之外寻找扩张盈利的契机。如腾讯和网易等本土游戏巨头操纵的手游领域，2017 年中国发行商发布的游戏的海外消费额增长130%，中国大陆游戏发行商的三大市场分别是美国、日本和中国台湾地区，其中美国仍然是中国发行商除中国以外规模最大、利润最丰厚的国外市场，约占国际下载量的 15%，国际消费额的 25%。

三、人工智能、虚拟现实等新技术开始在移动端规模化商用

2017 年，人工智能（AI）、虚拟现实（VR）及增强现实（AR）行业进入爆发式发展阶段。人工智能开始进入规模化商用，被用于金融、交通、物流、教育、制造、电商等多个领域。VR 及 AR 技术与泛娱乐、电商、教育等领域密切融合，为用户带来更好的沉浸感体验。新技术正在不断推动移动互联网行业升级。如在移动直播平台，VR、AR 等新兴技术用已在 NBA 赛事、大型演唱会等直播场景中，未来将会有更多的可能性；人工智能技术在安全、内容、推荐等领域的应用，手势识别、语音识别等新的交互技术的应用，既能为用户提供新的玩法，同时也为品牌植入等商业模式提供技术支撑。

四、我国移动互联网产业细分领域加速竞争与整合

随着移动互联网向精准细分领域延伸，在零售、餐饮、出行、金融等领域加速拓展，新的产品形态和商业模式不断出现，2017 年，移动互联网市场细分领域加速竞争与整合。以共享经济为例，2016 年，共享单车进入风口期，ofo 共享单车与摩拜单车成为行业翘楚，2017 年，随着小蓝单车、町町单车等参与方不断宣布倒闭，共享单车行业已经进入行业整合期，与此类似的还有

共享充电宝、移动教育、移动直播、短视频、生鲜电商、移动医疗等细分领域，移动互联网产业竞争正在从平台竞争向产业生态竞争转变。

第三节　创新应用进展

一、物联网大规模部署和应用加快线上线下融合

2017 年，中国电信、中国移动、中国联通等基础电信运营积极推进 NB – IoT 基站和网络建设，加快移动互联网商用布局，上海、雄安新区、鹰潭等地 NB – IoT 已正式商用。物联网创新应用进入新阶段，2017 年，京东、百度、阿里巴巴、小米和奇虎 360 等均先后发布物联网战略，赋能智能家居、智能车载、可穿戴设备、智能楼宇、物流、电商等，我国车联网、智能硬件等领域接入物联网平台的设备爆炸式增长，扩大了传统移动互联网边界，带动了大量相关移动应用的研发，推动线上线下加速融合。如在零售领域，不仅收款机在结账和付款过程中长期扮演的角色正逐步被削弱或被移动支付所取代，随着阿里巴巴、京东、苏宁相继推出无人超市、无人便利店、无人体验店等，其在物品展示、支付结算、安全保障等领域的物联网技术深度应用，既极大地提升了购物体验，也加速了移动互联网和传统行业、线上与线下的融合。

二、分享经济深入应用推动新兴项目层出不穷

2017 年，分享经济新兴项目层出不穷，除了共享单车爆发式增长外，共享充电宝、共享马扎，共享雨伞、共享汽车等，成功撼动了移动互联网的下半场，经过前期各种共享项目的洗牌，留下的企业有更多的资源和能力去拓展业务。猎豹大数据显示，在共享单车领域，行业在 2017 年处于爆发式增长的状态，所有的主流共享单车 APP 的同比增长率都超过了 200%，包括用户基数较大的 ofo 共享单车和摩拜单车也分别实现了 1811.7% 和 482.5% 的同比增长。ofo 共享单车和摩拜单车的市场渗透率分别为 5.30% 和 5.12%，12 月 DAU 均值分别超过 520 万和 480 万，共享单车领域的活跃用户渗透率较年初

增长了6倍多。在网约车领域，美团除在南京试点外，已拟定在北京、上海、成都、杭州、福州、温州和厦门七个城市拓展网约车市场。在共享汽车领域，从年中开始受到资本关注的共享汽车进入市场培养阶段，用户量从无到有处于稳步增长中，显然已经成为分享经济下一个最受关注的领域，2017年8月8日，《关于促进小微型客车租赁健康发展的指导意见》正式出台，明确提到鼓励共享汽车发展，大幅度减小了入局者所面临的政策风险，滴滴、摩拜纷纷入驻，其中EVCARD到2018年1月中旬，已进驻60个城市，注册用户近200万，运营网点约12000个、覆盖停车位约55000个、投放新能源汽车约27000辆。

三、内容分发与知识付费彼此渗透开创新模式

近年移动支付技术逐渐成熟，为各APP在移动端实现打赏、付费等功能奠定基础，知识付费模式在2016年爆发，并迅速获得用户认同，相关市场快速发展，艾媒咨询的报告显示，中国内容付费用户规模呈高速增长态势，2017年内容付费用户规模预计将达1.88亿。知识付费现已形成几大类别，知识电商类、社交问答类、内容打赏类、社区直播类、讲座课程类、线下约见类、第三方支持工具、付费文档类。知识付费的时代已经到来，各平台都着力布局知识付费领域，吸引大批优秀内容提供者进驻各大知识付费平台，如喜马拉雅FM推出"66会员日"及第二届"123知识狂欢节"，知乎推出"市场"独立入口，包括知乎Live、书店和付费咨询频道；分答推出付费语音课程"小讲"，每节课市场20—30分钟。同时，2017年内容分发和知识市场领域的竞争开始彼此渗透，BAT、微博、头条等内容分发方开始试水知识付费，探索发展边界，以知乎为代表的知识市场则表现出头条化、微博化的趋势，此外，豆瓣时间、荔枝微课、一块听听、插坐学院等知识付费产品不断探索发展新模式。

四、以微信小程序为主的即时应用已初步形成生态

2017年，在APP中嵌入、无须下载即可访问的即时应用有了长足发展，已形成系统的生态体系，在零售、电商、餐饮行业吸金能力突出。从影响力

和覆盖面较大的微信小程序来看，根据微信官方数据，2017 年微信小程序上线 58 万个，日活达到 1.7 亿。另有相关报告显示，2017 年 4 月至今，微信小程序用户数爆发性增长，截至 12 月，小程序用户总数已接近 4 亿，约为微信用户数的一半，人均在线时长仍在持续攀升，其中小游戏对 12 月用户激增功不可没。目前小程序已发展出集第三方服务、投资机构、媒体、云服务、应用商店、分析工具、运营者（创业者、互联网公司代表等）于一体的生态，覆盖游戏、工具、内容、生活、电商、交通、社群、出行、餐饮、金融、门店等众多领域。随着小程序入口及能力不断开放，微信用户接触小程序的场景增加，小程序用户平均单次使用时长逐月上升，约占微信用户日均使用市场的五分之一，日使用频次多为 4—6 次，用户习惯已形成。小程序流量入口主要集中在分享、公众号、发现等利于小程序曝光的场景里，分享和公众号这两大小程序主要入口分别占比 23.2% 和 18.1%，上线仅一个月的下拉任务栏入口也斩获了 5% 的老用户，有效提高了小程序的复用率。小程序用户付费能力强，且倾向于在小程序中进行额度不高的日常消费，35.9% 的人平均每月消费 201—500 元，34.7% 的人平均每月消费 501—1000 元，其中服装鞋包占比居首位，达到 25%，水果生鲜、餐饮外卖、生活用品、交通出行等方面的消费也明显高于其他类别。

第四节　投融资情况

根据投中信息统计，相比 2016 年，国内移动互联网行业 VC/PE 融资市场活跃度明显降低，融资规模及数量呈现下降趋势。年度融资交易数量共计 97 起，相比上年大幅减少；年度融资规模约 32 亿美元；平均单笔融资规模达 3295.36 万美元。并购规模方面，宣布及完成并购规模分别为 44.69 亿美元、8.34 亿美元，宣布并购规模同比呈现大幅上升态势，增幅为 79.12%；完成并购规模同比呈现下降态势，降幅为 40.8%。

一、社交娱乐和生活服务类应用是融资交易重点

2017 年，我国移动互联网行业 VC/PE 融资市场活跃度明显降低，融资规

模及数量呈现下降趋势，年度融资规模约为 32 亿美元，平均单笔融资规模达 3295.36 万美元。社交娱乐类及生活服务类应用普遍受到投资者的关注，大额投资屡见不鲜。年度社交娱乐领域中直播软件快手（一笑科技）获得 3.5 亿美元的最大规模融资，领投方为腾讯及华兴资本，腾讯支持的快手计划以大约 170 亿美元的估值展开融资，并向东南亚市场扩张其媒体视频服务。快手最新的融资目标为 10 亿美元左右，按照 170 亿美元计算，大约相当于 2017 年 3 月 30 亿美元估值的 6 倍。另外英雄互娱、随手科技旗下的随手记和卡牛、好大夫、口袋科技 2017 年分别获投 2.4551 亿、2 亿、2 亿、1.541 亿美元。从连续融资案例来看，资本青睐于汽车后服务市场以及互联网教育领域，其中快手以 3.65 亿美元融资成为 2016 年到 2017 年间累计融资规模最高的企业，此外，运满满、作业帮、典典养车、触宝科技分别累计获投 2.8 亿、2.1 亿、1.55 亿、1.5 亿美元。

二、游戏、出行和教育类应用乃并购交易主场

2017 年，我国移动互联网宣布及完成并购交易数量皆呈现下滑趋势，宣布并购 47 起，同比下降 20%；完成并购 20 起，同比下降 44%。并购规模方面，宣布及完成并购规模分别为 44.69 亿美元、8.34 亿美元，宣布并购规模同比呈现大幅上升态势，增幅为 79.12%；完成并购规模同比呈现下降态势，降幅为 40.8%。2017 年我国移动互联网企业重大并购案例主要集中在游戏、出行和教育领域，如 2017 年 8 月，浙江金科文化产业股份有限公司拟发行股份收购杭州逗宝网络科技有限公司全部股权，该公司是腾讯平台领先游戏开发商之一，2017 年 5 月，腾讯向旧金山手游开发商 Pocket Gems 再投资 9000 万元，目前共持有其 38% 的股份，Pocket Gems 估值已达 6 亿美元。

第五节　相关建议

一、应紧抓细分领域用户核心需求

互联网企业应强化对市场的研究把握，提升对风口变化的敏锐度，实时

把握消费行为变化、行业基础设施、应用技术升级等，围绕用户需求创建品牌的竞争优势，获得认知优势及运营优势。如小米就是把握了中国智能手机市场形成的风口，成功进入智能手机市场。

二、移动互联网创新创业需要回归常识与理性

支撑移动互联网创新创业的商业服务体系和不同于传统产业的创新创业文化环境正在进一步调整完善，人工智能及其应用、与实体经济紧密结合的领域正在成为创新创业的热门领域。移动互联网创业公司处在新一轮技术演进带来的机遇期，但也面临来自互联网巨头的挑战，如百度、腾讯、阿里巴巴等互联网企业对内将基于人工智能技术推动创新创业，对外将投资收购优质创新企业，加快建立竞争优势。在此背景下，移动互联网创业公司应更为注重常识与理性，积极基于新技术带来的生产力和生产关系进行社会改造、价值创造，产生价值的项目自然能吸引逐利的资本，也能增加"幸运女神"光顾的概率。

三、行政执法机关要勇于对不正当竞争行为"亮剑"

移动互联网作为不正当竞争的重灾区，行政执法机关应积极在相关行业落实我国新《反不正当竞争法》，秉持法治精神，按照全面推进依法治国的要求，对任何违反法律的不正当竞争行为迎头痛击，维护市场的秩序，真正为促进市场经济体制下的良性竞争发挥作用，维护社会的公平，更维护法律的尊严。

四、尽快出台用户数据管理相关法律法规

移动互联网的特性迅速增加了用户数据量，相应出现了大量用户数据管理的问题。因此应加快依据《网络安全法》，研究制定数据安全管理办法、个人信息保护规范等相关配套规范，厘清大数据时代个人、企业、政府部门复杂的数据权责关系。强化个人对其数据的所有权、"删除权"等基本权利；界定企业的用户数据使用权，保障其合法收集、存储、传输、加工数据的权利，规范其数据挖掘、关联分析等活动；明确相关政府部门对企业数据管理过程

依法进行监督管理的权利，加大对数据滥用、盗用等行为的惩处力度，保护数据所有者、使用者的合法利益。

第六节　发展形势展望

一、移动互联网监管环境将加快完善

党的十九大为全面推进依法治国、建设社会主义法治国家指明了前进方向，依法治国的理念将进一步渗透各个领域，展望 2018 年，我国互联网立法环境将发生深刻变化，互联网管理将加速朝着精细、安全、规范的方向发展，移动互联网管理规范的内容将不断丰富。基于《网络安全法》的互联网法律框架将更加完善，监管部门将加快正式出台个人信息和重要数据出境、关键基础设施、未成年人网络保护等多项配套法律法规及标准。传统法律体系加快调整以适应互联网发展，与互联网反垄断、平台企业管理等相关各项已有法律法规的具体要求，主体职责及监管方式将得到更新。热门领域互联网专项立法将加快，无人驾驶、数据采集流通、金融等领域和行业的互联网专项立法进程将进一步加快。

二、共享出行将进入更立体、多维度的竞争

2017 年，从无人驾驶技术到蔚来汽车发布的新品，再到摩拜单车发布的电单车，都预示着 2018 年仍将围绕着"车"的大战，而竞争将从更多的维度逐层展开。各方巨头的入场，将打造我们的出行生态圈，覆盖短、中、长途的各种出行方式必将使我们的生活更为便捷。美团来势汹汹，意欲挑战滴滴在打车领域的霸主地位，将让平静已久的网约车市场再次硝烟弥漫。摩拜、滴滴、美团的入局使得共享汽车的风愈吹愈烈，而随着新能源车型的开发、国家政策对新能源车的支持，新能源车将成为网约车甚至共享汽车格局的最大变数。

三、"直播+"将在2018年继续从细分领域切入

尽管2017年全年纯直播APP的周活跃渗透率下降了,但"直播+"桌游、"直播+"在线游戏、"直播+"游戏机、"直播+"答题催生了在线狼人杀、游戏直播、在线抓娃娃、全民知识竞赛等热点,这些与直播技术相结合的项目显示出直播将成为一种基础设施渗透到各种互联网元素中去。可以预见,因为直播本身的集中性、即时性和互动性等优势,在2018年,将有更多与直播技术相结合的风口出现。从2017爆红的"直播+"项目来看,2018的"直播+"风口也仍将是围绕着泛娱乐、电商、内容等大类,巧妙地从一个小点切入并进行突破。

四、基于文化内容的知识经济将彻底崛起

2018年第一个风口吹向直播答题,但这也可以看成知识经济从2017年的延续。从知识付费APP的跑马圈地,到今日头条、腾讯新闻争相在问答类APP上投入大笔资源,移动互联网用户对于共享知识更加热衷。知识成了待价而沽的商品,既可以付费得到,也可以分享而获取利益。这是移动互联网发展到成熟阶段,用户满足了衣、食、行之后,继而追求自我实现的一个过程,也是知识在互联网时代"去中心化"特征下的必然趋势。火爆的直播答题烧钱背后,还是必须沉淀到题目的设置、内容知识的趣味性上面来。此外,内容对直播平台用户体验的决定性作用逐步体现,传统媒体介入提升内容质量,《饭局的诱惑》《Hello!女神》《九牛与二虎》《回家的礼物》等专业化运营的直播内容将越来越多。

五、线下之争加剧推动移动物联网技术及产业溢出

截至2017年8月,移动物联网在全国已进入小规模应用,中国、欧洲和韩国十几张网络商用。预计2018年移动物联网尤其是NB-IoT商业化应用将加速,产业规模将达到8000万—1亿元人民币。伴随着"数字丝绸之路"等国家战略的实施,国家对物联网等新一代信息通信技术产业的扶持力度进一步加大,"十三五"期间,我国物联网产业有望迎来重大机遇期,未来发展空

间巨大。随着智能交通、智能家居、智能医疗等物联网应用的广泛普及，产业应用上升空间巨大。预计 2018 年，物联网的终端设备（包括传感器、机器和家用电器等）将持续保持增长趋势，增速预计将达到 23%。用户对智能手机换机意愿降低，新的智能设备拥有更多的用户渴望和市场接受度，对硬件创新和体验创新是一个利好，新的智能时代正在加速到来。

第四章　工业互联网

第一节　总体发展情况

一、国家出台政策加大工业互联网发展扶持力度

2017 年 11 月 27 日，国务院印发了《关于深化"互联网＋先进制造业"发展工业互联网的指导意见》。《指导意见》着眼全球工业互联网发展共性需求和我国亟须弥补的主要短板，围绕打造网络、平台、安全三大体系，推进大型企业集成创新和中小企业应用普及两类应用，构筑产业、生态、国际化三大支撑，提出了工业互联网发展的七项主要任务。《指导意见》还提出了建立健全法规制度、营造良好市场环境、加大财税支持力度、创新金融服务方式、强化专业人才支撑、健全组织实施机制六大保障措施，以确保各项推进工作顺利进行，尽早实现发展目标。

二、各类专业化的工业互联网平台大量涌现

近两年来，随着国家"互联网＋"战略的快速推进，我国互联网发展正在从消费互联网时代快速迈向产业互联网时代，工业互联网平台建设成为深化制造业和互联网深度融合的重要抓手，开启信息化和工业化深度融合的新时代。海尔、红领等传统制造企业以建设工业互联网平台为抓手，加快推进供给侧改革，提供个性化制定服务，在经济新常态下极大地提高了企业竞争力。三一重工推出树根互联工业互联网平台，提供工程机械装备在线监测、远程维护服务，提高了大规模工程机械运行管理能力。阿里巴巴、航天云网

等企业推出面向企业协同制造的工业互联网平台，优化了企业生产流程，加强了企业各流程协同管控，强化了供应链协同。

三、国内工业互联网产业生态圈正在加快构建

工业互联网平台构建起了产业生态圈中信息交换核心枢纽，促进了产业资源快速集聚和有效整合，成为核心企业产业互联网时代构建产业生态圈不可或缺的抓手。工业互联网平台以开放接入模式，整合了研发设计、生产制造、仓储物流、经营销售等各个领域资源，促进了产业生态圈各方供需对接，优化了各方资源配置。以海尔 COSMOPlat 平台为例，海尔 COSMOPlat 工业互联网平台将企业和智能制造服务资源紧密连接起来，帮助企业去库存并实现个性化定制，平台连接了 1.5 亿的用户，服务规模级以上企业 200 多家，涉及电子、船舶、纺织、装备、建筑、运输、化工等七大领域，覆盖制造设备、产品等千万个终端，聚合了 300 多万家企业资源。

第二节 主要特点

一、个性化定制、在线监测、协同制造成为我国工业互联网平台应用主要方向

纵观海尔、红领、树根互联、航天云网、华为、和时利、用友、索为、东方国信、中船工业、阿里巴巴、宝信、美云智数、富士康等企业工业互联网平台，大体可以分为个性化定制、在线监测、协同制造三个方向发展。海尔 COSMOPlat、红领酷特等工业互联网平台主要围绕提高企业个性化定制服务能力，打通数据流通渠道，打造产业生态圈。树根互联、华为 OceanConnectIOT 等工业互联网平台主要开展在线监测服务，提高对设备运行状态的监控和预测行维护。阿里巴巴 ET 工业大脑、航天云网 INDICS、和时利 HiaCloud、用友精智、索为 SYSWare、东方国信 BIOP、中船工业船舶工业智能运营平台、宝信工业互联网平台、美云智数 Meicloud 等工业互联网平台主要解

决企业协同制造问题，全面优化企业生产经营管控各个环节。

二、PAAS 平台已经成为工业互联网平台竞争的战略制高点

工业互联网平台主要有 IAAS、PAAS、SAAS 三个层次，IAAS 层面工业互联网平台主要由微软、亚马逊、阿里云等传统的云计算基础设施服务提供商提供，主要提供企业上云的计算、存储和网络方面所需的云服务。PAAS 层面的工业互联网平台跟工业技术、工艺和设备紧密相关，是支撑工业智能化的核心，已经成为巨头利用网络信息平台整合产业资源主要的抓手，GE Predix、西门子 MindSphere、航天云网 INDICS 等平台都在打造 PAAS 级别工业互联网平台，希望依托高效的设备集成模块、强大的数据处理引擎、开放的开发环境工具、组件化的工业知识微服务，向下对接海量工业装备、仪器、产品，向上支撑工业智能化应用的快速开发与部署。由于涉及工业技术、工艺、设备的数字化和软件化，准入门槛较高，难度较大。

三、工业数据采集和利用能力已经成为工业互联网平台比拼的重要指标

工业互联网平台包含数据采集体系、工业 PaaS 平台和应用服务体系三大核心要素，其中数据采集是基础，需要构建精准、实时、高效的数据采集互联体系。由于目前各类数字化工业设备在传感量化、设备网络接口、网络传输协议等方面五花八门，不同厂商生产的设备在接口和协议等方面私有化严重，相互之间不能兼容，严重阻碍了数字化工业设备和工业互联网平台的互联互通。向下对接海量工业装备、仪器、产品，具备异构设备数据采集能力，关系到工业互联网平台作用的发挥。工业互联网平台服务商为了提高平台采集能力，纷纷跟设备相关服务商合作，从底层介入，提供数据采集能力。例如英特尔和 GE 合作为边缘设备开发了一个参考架构，将英特尔的处理器和 Predix 软件集成起来，在任意设备中嵌入智能联网接口，规范了数字化设备联网标准。

四、复杂的安全保障需求成为工业互联网平台健康发展首先要解决的问题

与消费互联网相比，工业互联网平台面临的安全形势更为严峻，主要体现在以下几个方面：一是平台连接的设备和所处网络环境复杂多样，存在恶意、非正常、危险设备接入的风险，另外异构网络环境造成的复杂多样性也加剧了平台安全隐患。二是安全防护技术支撑能力积累薄弱，与互联网安全保障不同，工业互联网安全形势很严峻，重大工业互联网安全事件频繁发生，但是技术安全保障还处于发展初期，尚未形成标准化、完整的工业互联网安全防护技术支撑体系，很多方面还处于探索期。三是数据安全使用机制尚未建立，存在数据滥用和泄露的重大风险隐患。

五、工业技术软件化水平成为制约工业互联网平台应用快速发展的重要原因

工业软件是工业技术软件化的成果，工业软件丰富程度是决定工业互联网平台价值的重要标尺。与传统软件不同，工业软件是制造业核心技术软件化定义，里面蕴含着丰富的工程力学、流体力学、空气动力学、固体热力学、化学热力学等各种工程经验数据和公式，因此工业软件开发难度较大，需要丰富的工业技术知识数据做支撑。只有具有丰富的工业软件支撑的工业互联网平台，才能发挥更多专业性的工业信息服务作用。目前我国工业领域软件化水平低，工业软件开发服务体系尚未形成，国产工业软件严重缺位，已经成为制约我国工业互联网平台应用快速发展的重要原因。

六、标准和专利之争已经成为各类工业互联网平台构建未来竞争优势的抓手

近两年来，全球主要的工业互联网平台服务提供商都在围绕着工业互联网平台的数据采集、设备接入、传输协议、微服务组件、工业 APP 技术框架和安全保障等标准体系构建展开了激烈竞争，平台服务提供商都在围绕自己的工业互联网平台，加强和相关企业合作，组建产业联盟，构建自主的标准

体系，力图从标准制定和应用推广两端入手，塑造市场竞争新优势。同时，很多企业都积极同步推进工业互联网平台数据采集、设备接入、传输协议、微服务组件、工业 APP 技术框架等领域相关技术专利申请，以图利用专利来巩固市场竞争新优势。

七、工业互联网平台建设已经成为企业两化融合发展的新阶段

网络应用是信息化建设的最大推动力，工业互联网应用开启了两化深度融合发展新时代，为推进两化深度融合注入了新的动能。工业互联网以业务内外协同为抓手，倒逼工业企业加快研发设计、生产制造、仓储物流、经营销售等信息化改造，加快企业数字化、软件化、网络化推进步伐，促进网络互联互通、系统整合共享、数据自由流动。纵观海尔、红领、三一重工、西门子、GE 等信息化标杆企业，无一不是工业互联网平台的先行者，企业通过工业互联网平台，打通了内外数据流通渠道，建立了以数据创新应用为导向的企业信息化发展机制。

第三节　相关建议

一、以跨界合作加速平台技术服务体系构建

工业互联网平台技术涉及网络通信、软件服务、电子信息、云计算、大数据、人工智能、自动化以及行业制造等多个领域，需要构建跨界合作的平台技术服务体系。一是加强软件信息服务企业和自动化、行业制造企业加强技术合作，加快推动工业技术软件化，发展工业知识、工艺、流程等工业微服务组件，为业态创新夯实软件服务支撑。二是加强网络通信、电子信息制造企业和装备制造企业的合作，推进装备通信接口和传输协议的标准化，提高工业数据采集和传输便捷性。三是加强云计算、大数据、人工智能和行业制造企业合作，构建工业大数据挖掘分析预测模型，加强工业数据清洗、整合和规范，提高工业数据信息服务能力。

二、以差异化定位助推平台服务特色化发展

一是面向制造业各领域专业性信息服务需求，大力发展行业性工业互联网平台，创新互联网、大数据、人工智能等信息技术在平台业态创新中的应用，支撑行业转型升级。二是重点发展行业性专业工业知识微服务组件，支撑工业软件开发图形化和组件化，降低工业软件开发门槛，加速工业软件开发进程。三是重点加强特色领域工业工艺技术、流程控制等知识服务组件和软件开发，推进工业技术的数字化和软件化，支撑行业业态创新。

三、以专业化能力强化平台核心竞争力构建

一是构建专业化的工业数据采集服务能力，扩大数据采集支持设备种类，完善对感知方式、总线协议、传输接口等异构型的数字化装备数据采集方式。二是构建专业化工业数据整合和规范服务能力，加强各类设备数据解析研究，提高工业大数据清洗、规范、关联、整合效率和能力。三是构建专业化数据建模和分析服务能力，加快构建工业工艺、流程和控制等数据挖掘分析模型，提高对预测性健康维护、工业软件开发等的支撑能力。四是构建专业化数据应用创新服务能力，推进工业大数据和软件信息服务业深度融合创新，促进商业模式创新变革。

四、以开放式创新助力平台应用生态圈构建

一是构建工业互联网产业生态联盟，强化装备制造、软件和信息服务、互联网、电子信息制造、网络通信、工业自动化等领域企业合作，推进制造和电子信息、互联网的深度融合，促进平台综合集成和服务业态创新。二是推进工业互联网平台综合集成，推动装备制造、网络通信、工业自动化等企业加强合作，完善设备互联互通行业技术规范，促进设备互联、网络互通。三是推进工业互联网平台业务创新，加强互联网、大数据、人工智能等企业和制造企业业务合作，以信息技术推动工业互联网平台业务创新。

五、以体系化防护保障平台全链条安全发展

一是加强边缘数据安全防护，防止设备数据被暴力、窃取等不安全手段采集，确保设备数据采集安全。二是加强平台接入安全防护，强化边缘设备接入认证措施，防止恶意、虚假、不安全、不可信等设备接入，确保接入设备的安全、可靠、可信。三是加强平台网络安全防护，完善入侵监测、电子认证、安全审计等功能，提高平台应对网络安全复杂态势能力。四是加强平台数据应用安全防护，加强数据使用授权，推进数据使用分级分类。

六、以体系化标准构建促进平台互联和互通

一是完善边缘数据采集标准体系，促进工业设备数据采集的规范化、标准化和高效化。二是完善边缘设备接入标准体系，加快工业设备通信接口、传输协议等方面标准体系建设，强化和 IPv6 协议兼容互通。三是完善工业大数据清洗、规范、整合等相关标准体系，提升对数据建模分析、工业软件开发、数据业态创新等方面的支撑能力。四是完善工业微服务组件标准体系，加快组件数据、方法等访问接口的标准化，提高组件复用能力。五是完善工业 APP 技术标准体系，制定 APP 技术架构、业务交互、安全防护等方面标准，促进程序兼容、互通和安全。

七、以标准和专利构建塑造平台竞争新优势

一是加快工业互联网平台数据采集、设备接入、大数据挖掘分析、微服务组件、APP 技术架构等方面标准的制定，以统一、开放、兼容的技术标准促进产业生态构建，塑造产业生态竞争新优势。二是推动工业互联网平台数据采集、设备接入、大数据挖掘分析、微服务组件、APP 技术架构等方面的技术创新，加快专利的申请，巩固技术创新优势。三是加快工业互联网平台和服务"走出去"，推进标准和专利国际化，塑造和巩固国际竞争优势。

第五章 电子商务

2017 年是中国电子商务提质转型的攻坚之年。在数字经济的推动下，电子商务行业蓬勃发展，市场整体规模、电商企业从业人员数量、电商物流业务量等稳步增长，新模式、新业态发展迅猛，拉动我国经济增长新动能作用日益凸显。

第一节 总体发展情况

一、市场整体规模

（一）市场交易规模不断扩大

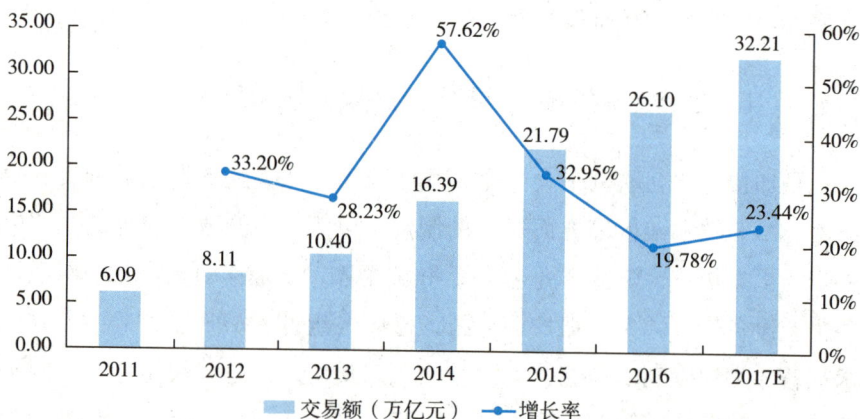

图 5-1 2011—2017 年中国电子商务交易额及增长率

资料来源：国家统计局，2017 年 12 月。

据国家统计局有关数据，2016 年我国电子商务市场交易额达到 26.1 万亿

元，同比增长 19.8%；截至 2017 年上半年，我国电子商务市场交易额达
13.35 万亿元，同比增长 27.1%；预计 2017 年底将突破 30 万亿元，增长率有
望达到 23%。

（二）新增就业人数不断增加

电子商务为创业创新开辟了新渠道，就业方式更加灵活，就业机会更为
丰富。据中国电子商务研究中心统计，截至 2017 年上半年，我国电子商务带
动就业人数超过 2600 万，直接就业人数超过 310 万，同比增长 8.7%；间接
就业人数超过 2300 万，同比增长 9.5%。电商平台、社交应用、物流配送、
网络支付等领域企业蓬勃兴起，推动电子商务产业链上下游的就业人员数量
迅速增加。

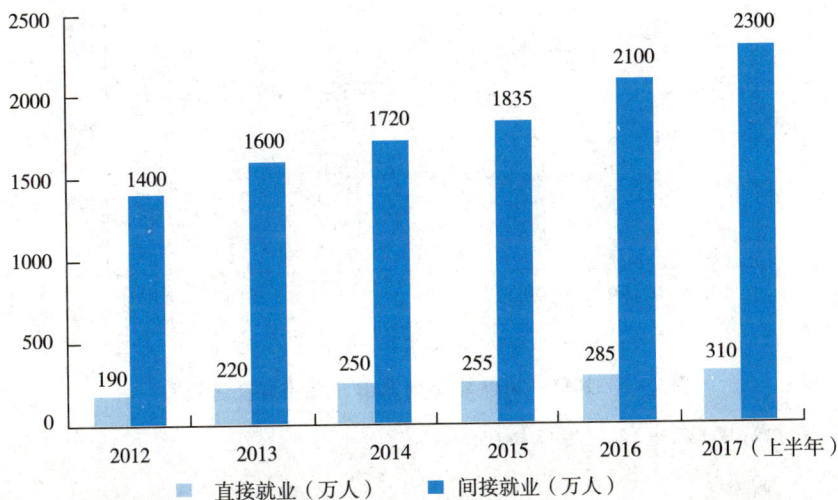

图 5 - 2　2012—2017 年中国电子商务服务企业从业人员数量

资料来源：中国电子商务研究中心，2017 年 9 月。

（三）电商物流业务量持续增长

在电子商务的带动下，电商物流行业迎来黄金发展期，快递业务模式日
益成熟，业务量持续高速增长，业务规模位居全球首位。据国家邮政数据，
2017 年我国快递服务企业业务量累计完成 400.6 亿件，同比增长 28%；业务
收入达 4957.1 亿元，同比增长 24.7%。我国快递业务量已连续 4 年稳居世界
第一，远超美、欧、日等发达经济体。

二、细分领域情况

（一）B2B电商保持稳步增长

近年来，我国政府围绕"互联网＋"、供给侧结构性改革、消费升级等出台的相关政策，为B2B电商发展创造了利好的政策环境。2017年B2B电商市场保持稳步增长，在电子商务市场交易额中占比超过55%，继续领跑整个电子商务行业。中国电子商务研究中心数据显示，2017年上半年，我国B2B电商市场交易额达9.8万亿元，同比增长24%；根据往年数据测算，预计到2017年底我国B2B电商市场交易额将达17.9万亿元，同比增长24.3%。

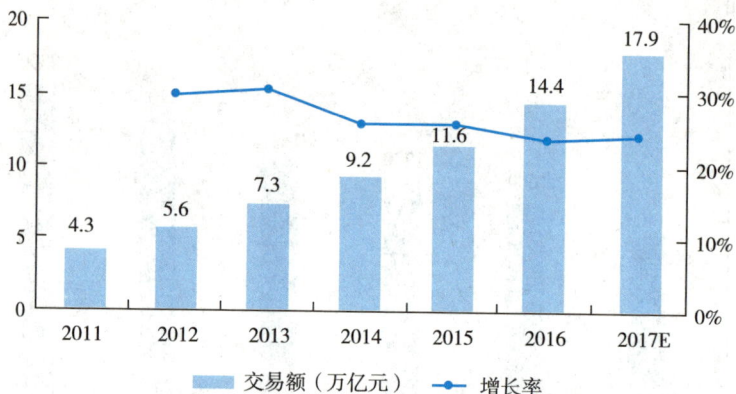

图5-3　2011—2017年中国B2B电商市场交易规模

资料来源：易观智库，2017年12月。

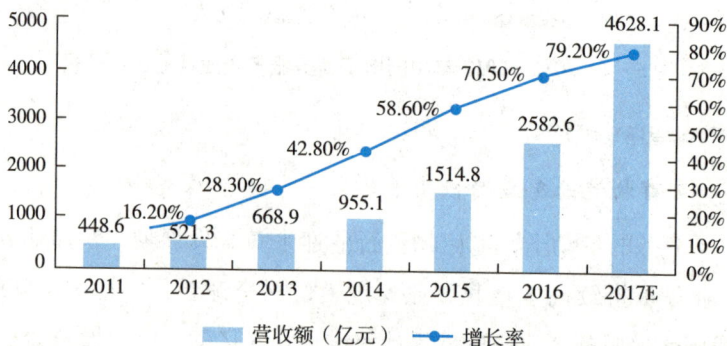

图5-4　2011—2017年中国B2B电商市场营收规模及增长率

资料来源：易观智库，2017年12月。

自 2014 年起，多数 B2B 电商平台开始进入理性调整期，市场交易额增长率虽不断下降，但平台的商业模式日益成熟，以及在精细化运营、区域化发展、全产业链服务能力不断增强等策略的推动下，B2B 电商平台营收规模不断扩大。根据易观智库的统计数据，2016 年全年 B2B 电商市场营收规模达到 2582.6 亿元，增速 70.5%；2017 年，成熟综合型 B2B 电商以及垂直 B2B 电商继续发力，带动整个行业加速发展，预计营收规模将突破 4500 亿元。

（二）网络零售回归高速增长

2017 年，网络零售总额增长率回归高位，在社会商品总零售额中占比不断提升。国家统计局数据显示，2017 年社会消费品零售总额为 36.63 万亿元，增长 10.2%；全国网上零售额达到 7.18 万亿元，比上年增长 32.2%。其中，实物商品网上零售额 5.48 万亿元，增长 28.0%，增速比社会消费品零售额高 18 个百分点，占社会消费品零售总额的比重达 15.0%；在实物商品网上零售额中，吃、穿和用类商品分别增长 28.6%、20.3% 和 30.8%。目前，我国已成为全球最大的网络零售市场，市场份额占全球 40%。全球网络零售额在社会商品零售总额中占比平均水平为 7.4%，我国在 2017 年占比达 15%，是世界平均水平的两倍。未来，网络零售市场增长潜力依然巨大。

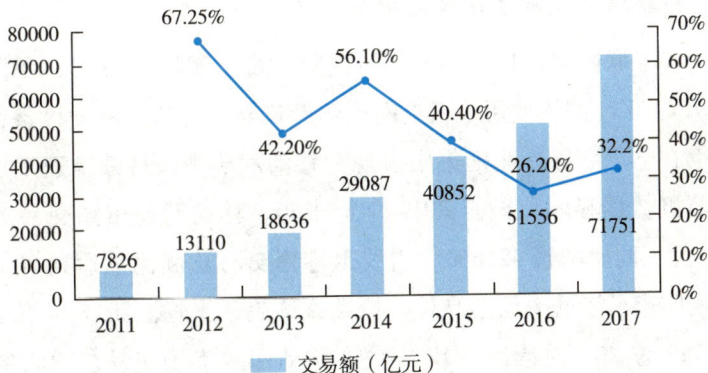

图 5-5　2011—2017 中国网络零售市场交易额及增长率

资料来源：国家统计局。

自 2012 年起，网络零售额增速呈回落态势，2016 年走低至 26.2%。2017 年 1—10 月，增速开始回升，达到 34%，低迷态势逐渐回温。到 2017 年底，网络零售市场额达到7.18万亿元。网络零售市场增长率回归高位得益于服务网上零售额的增长。2015年，我国服务网上零售额增速为42.4%，2016年为51.4%。2017年前三季度，增速一跃至78.5%，截至2017年10月，服务网上零售额达13568亿元，占社会商品零售总额的24.5%。

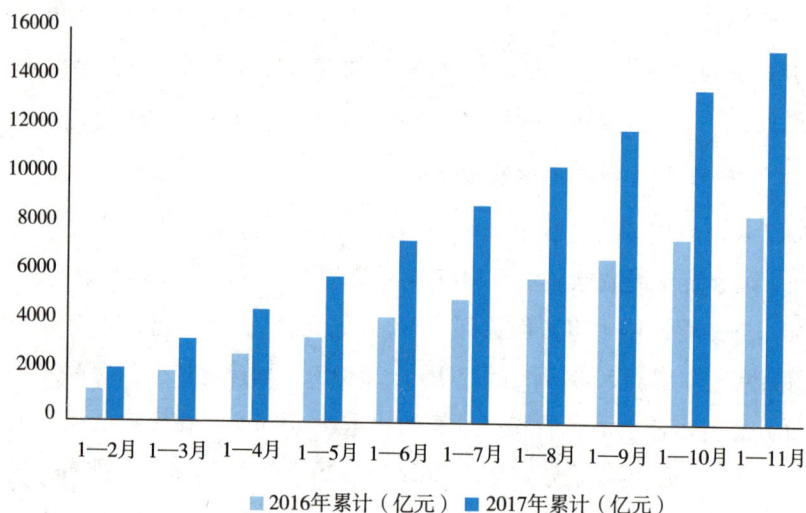

图5－6　2016—2017中国服务网上累计零售额

资料来源：国家统计局，2018年1月。

（三）移动网购规模占比持续增加

根据中国互联网络信息中心公布的数据，截至2017年6月，我国手机网民规模达7.24亿，网民使用手机上网比例提升至96.3%。移动设备在网民中的高渗透率在电子商务行业则集中表现为移动网购规模持续高速发展。易观智库季度监测数据显示，截至2017年上半年，移动网购市场交易规模达到23170.4亿元，同比增长42.6%，占线上零售交易总额比重达到80.4%。目前，移动网购市场渗透率已达高位，增速逐渐趋于平稳。2017年下半年增速将维持在45%左右，预计到2017年底，移动网购市场交易规模将突破5万亿元。

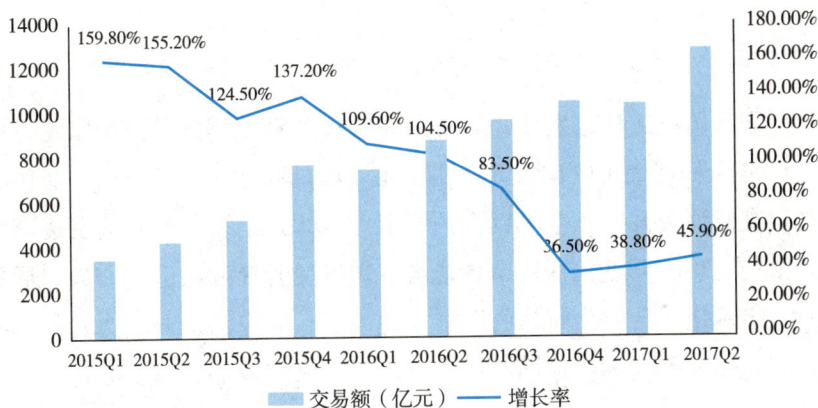

图 5 – 7 2015Q1—2017Q2 中国移动网购市场交易规模及增长率

资料来源：易观智库，2017 年 11 月。

第二节 主要特点

一、产业互联网时代激发 B2B 电商蓝海潜力

近年来，政策不断加持推动产业互联网飞速发展。随着 B2C、C2C 市场接近饱和，"互联网＋"行动持续深入，B2B 电商逐渐成为行业新宠，快消、农业、钢材等垂直细分领域显现巨大蓝海潜力。从营收规模来看，核心 B2B 电商平台进入盈利阶段，2017 年上半年营收稳步增长。根据相关公司半年财报，国联股份 2017 年上半年实现营收 9.3 亿元，同比增长 239.37%；慧聪网上半年营收达 13.43 亿元，同比增长 188.3%；上海钢联上半年营收 318.8 亿元，较上年同期增长 90.67%。从融资领域看，垂直细分 B2B 电商平台频频受到资本青睐。截至 2017 年 6 月，B2B 电商领域投融资事件共 78 起，融资金额 132.77 亿元，快消、钢铁、农业等垂直领域成为投资热点，多家初创企业获得亿元及以上融资。例如，快消领域的中商惠民获得 B 轮 13 亿元人民币融资，农业领域的美菜网获得 2 亿美元的 D 轮融资等。

二、消费升级驱动品质化成为电商新趋势

近年来我国经济稳定发展，居民消费购买力日益攀升，据国家统计局数据，2017 年全国居民可支配收入 25974 元，较 2016 年增长 7.3%。居民收入水平的提高对消费升级产生了巨大的牵引力，休闲消费、品质消费逐渐进入大众化阶段，2017 年我国居民消费结构中享受型消费占比达 35.3%，居民对个性化、定制化、品质化商品的需求日益高涨。顺应消费升级大趋势，品质电商进入高速发展时期，自网易严选推出后，米家有品、淘宝心选、兔头妈妈甄选等以品质为核心的新兴电商平台层出不穷，电商市场存量优势被深层次挖掘。不同于传统电商通过营销、提高上下游供应链效率等方式追求商品价格优势，品质电商从消费者核心诉求出发，突破原有流通渠道向上游制造商延伸，通过与生产制造商直接对接以实现对商品品质的高度把控，并为消费者提供削减品牌溢价的优质商品。目前，国内消费升级仍在继续，2018 年商务部将全面启动"消费升级行动计划"，向上游制造商渗透的品质化电商将成为电商行业重点发展方向。

三、农村电商快速发展带动电商扶贫成效显著

2017 年，京东、阿里巴巴、苏宁等电商领军企业进一步深耕农村电商市场，非电商领域其他企业也加速进军农村电子商务市场，涉农上市企业纷纷涉足农资电商，催生了云农场、农一网、农村淘宝、大丰收、丰收侠、七公里、草帽网、链农、甫田网、美菜等多个农村电商平台，农村电商进入高速发展时期。据商务部初步统计数据，2017 年全国农村网络销售额达到 12448.8 亿元，约占全国网络销售额的 17.05%，同比增长 39.1%。农村电商飞速发展带动电商扶贫效果显著。截至 2017 年底，农村网店达到 985.6 万家，同比增长 20.7%，带动就业人数超过 2800 万。全国 832 个国家级贫困县实现网络零售额 1207.9 亿元人民币，同比增长 52.1%，高出农村增速 13 个百分点。得益于农村网商的快速发展，农村外出务工人口约减少 1200 万人，相比无网商的地区，外出务工人口占比减少一半。

四、跨境电商步入快车道，成为外贸增长新动力

跨境电商在 2016 年经历过乱象丛生后重新洗牌，2017 年开始步入有序快速发展轨道。根据商务部统计数据，截至 2017 年 6 月，我国跨境电商市场交易规模 3.6 万亿元，较上年增长 30.7%；其中，出口跨境电商交易规模达 2.75 万亿元，进口跨境电商交易规模 8624 亿元。2013—2016 年，我国出口跨境电商年均增长率达 60%，跨境电商已成为我国外贸增长的新动力。近年来，随着"互联网＋外贸""一带一路"等战略的提出，出口跨境电商行业快速发展，在广东、浙江、福建等物流、网络发达的沿海地区已初具规模，出口范围涵盖美国、欧盟、东盟等主要发达经济体和新兴市场国家，国外市场认可度不断提高。例如，速卖通平台已成为俄罗斯访问量最高的电子商务网站，中国的跨境电商平台占据俄罗斯跨境电商近 50% 的市场份额。

五、线上线下融合力提升，催生全渠道新营销

在技术升级和消费升级的双重驱动下，新零售应运而生，线下门店成为电商标配，传统零售开始触网上线，线上线下深度融合是 2017 年电商行业最大的亮点。目前，占据电商市场 80% 份额的两大巨头——阿里巴巴和京东已全面进军线下零售。继阿里巴巴提出"新零售"后，京东也打出"无界零售"概念，二者最终目的都是要打通线上、线下资源，打造融合实体店、电商平台、移动 APP 和社交媒体的全渠道零售体系。例如，2017 年初，阿里巴巴与银泰达成合作，陆续推出银泰宝、喵货、喵街等线上线下融合的创新产品，打通了支付和会员体系，同时多个淘品牌入驻银泰，截至 2017 年 11 月，阿里巴巴已对线下零售投资 726 亿元；天猫与卡西欧合作建立"智慧门店"，极大降低了消费者商品搜索的成本，帮助卡西欧专柜月营业额提升近 1 倍；京东投资 43 亿元入股永辉超市，随后旗下启承资本投资社区生鲜连锁店"钱大妈"，在母婴、图书等品类也与几家企业展开合作。在掀起线上线下融合大潮的新零售界，已经形成了"阿里苏宁大润发"和"京东腾讯永辉沃尔玛"两大阵营。

<h1 style="text-align:center">第三节　创新进展</h1>

一、新商业模式层出不穷

随着大数据、人工智能、移动支付等技术日渐成熟，电商新物种层出不穷，生鲜电商、无人零售、社交电商、优品电商等新模式、新业态快速发展。就生鲜电商来看，2017年我国生鲜电商市场交易规模1391.3亿元，同比增长59.7%，共有752家新企业成立，其中350家获得融资，占比达51.6%；新兴业态涵盖生鲜配送平台、生鲜超市＋餐饮、社区生鲜便利店等多种形式。就无人零售来看，猩便利、盒马鲜生、淘咖啡、缤果盒子、EATOWN、24爱购、Take Go等无人货架、无人便利店层出不穷，据不完全统计，截至2017年9月末，已经有至少16家无人货架获得投资，最高达到3.3亿元，融资总额超过25亿元。就社交电商来看，"网红＋电商""直播＋电商"等模式的消费者流量占比逐渐增加，以有赞、京东微店、云集微店等为代表的内容社交电商平台，以小红书、美丽说、蘑菇街等为代表的微商平台，以拼多多等为代表的拼团社交电商日益兴起，分流效果显著。

二、智能技术改善消费体验

随着云计算、大数据分析、机器学习、人工智能等新一代信息技术商用化发展进入快车道，基于海量数据和智能技术的智能商业新生态正在形成，智能供应链、智能营销助手、智能客户服务等新技术模式极大提升了电商平台的运营效率，改善了用户的消费体验。例如，菜鸟网络于2017年6月在全国启动超级机器人仓群，通过智能算法、AGV机器人等实现对商品库存的无人化、自动化、精准化管理；京东在北京、上海、武汉等全国多地建立无人仓，通过机器人实现移库、拣选、自动贴标签、集货、无人机配送、智能签收、农村智能物流配送等，每小时处理货物可达1万多件；阿里巴巴基于网商大数据和阿里云，研发上市了人工智能购物助理虚拟机器人"阿里小蜜"，对客户疑问的智能解决率接近80%，在部分重点场景可达到95%，满意度比传统的自助服务提升了一倍。

第六章 云计算

2017 年，工信部《云计算发展三年行动计划（2017—2019 年）》的印发和一些地方"企业上云"行动计划的推出，进一步优化了云计算产业发展环境，我国云计算产业规模继续保持高速增长态势，国内外厂商继续大力加码云计算产品和服务，云计算在厂商合作、企业应用、混合云、多云、人工智能云等方面，都呈现新的发展特点。

第一节 总体发展情况

一、云计算市场规模继续保持较高速增长

根据 Gartner 的数据，2017 年，全球公共云服务市场规模将达到 2602 亿美元，较 2016 年增长 18.5%，继续保持较高增长速度。

表 6-1 2010—2017 年全球公共云服务市场规模

年份	2010	2011	2012	2013	2014	2015	2016	2017
产业规模（亿美元）	683	900	1110	1310	1528	1780	2196	2602
增长率		32%	23%	18%	17%	16.5%	23.4%	18.5%

资料来源：Gartner。

据运营商世界网发布的报告显示，2017 年中国云计算市场规模将达到690 亿元以上，比 2016 年增长超过 33.6%，增速明显超过全球增速。

二、部分地方加大支持力度推动"企业上云"

2017 年，浙江、江苏、山东等地创新做法，出台"企业上云"专门政

策，加大资金支持力度，加快推动企业使用云服务。浙江省创新建立了"上云企业出一点、云平台服务商贴一点、各级政府补一点"的联合激励机制，针对不同行业、不同规模及处于不同发展阶段的企业，根据其信息化基础和个性化需求，制定差异化的企业上云策略，云计算厂商与各市、区（县）通力合作，制订企业上云辅导、实施方案，有序推动企业上云，截至9月底，累计新增企业上云数已突破8万家。各地"企业上云"工作取得了积极成效，为全国"企业上云"工作提供了借鉴和经验。大连市与华为公司合作建设软件云服务平台，采用加大政府采购力度、提供"后补助"的方式推动软件和信息技术服务企业上云，目前，平台应用客户已经超过万家，累计运行项目超过5000个。目前，工信部正在研究制定推动"企业上云"的政策措施和企业上云操作指南，从政策引导和操作指导方面加快推动企业上云。随着相关文件的出台，企业上云将在全国范围展开，各地将制定出台促进"企业上云"的政策措施，加大宣传力度，营造良好氛围，推动云服务商和企业有序对接，建立完善配套支撑服务体系，有步骤、有计划地加快推进"企业上云"进程。

三、巨头通过合作优势互补强化市场地位

目前，全球云计算市场被几大巨头把持。Gartner在2017年发布的报告显示，全球公有云市场主要由亚马逊AWS、微软Azure、阿里云、谷歌云等几大巨头引领。在中国云计算市场，从IaaS到PaaS，阿里云都占据主导地位，据IDC发布的2017年上半年公有云IaaS市场调研报告，阿里云市场份额已达47.6%，比2016年底增长7%。2017年，各大云服务商在技术上不断寻求新突破，不仅持续推出新产品与新服务，还通过结盟快速积累规模效应，云计算领域的合作此起彼伏，并呈现巨头强强联合的特点，共同加强主要领域的布局，合作拓展市场空间。如：SaaS巨头Salesforce与IaaS巨头AWS、谷歌云强强联手，整合双方优势产品和服务，共同向全球市场扩张；阿里云、腾讯云分别与中国联通展开深度合作，相互开放云计算资源，共同开拓市场；AWS联手AMD，共同打造大型图像处理云平台；谷歌和思科联合打造混合云解决方案；微软与腾讯微信合作推出Office 365微助理，提供移动办公云服务。未来，在各巨头持续布局与激烈角逐下，全球云计算市场将进一步整合。

巨头们通过抱团实现优势互补，提供更优质全面的服务，有利于共同争夺市场，进一步强化其市场优势地位。用户从市场影响力、服务能力、可靠性和价格等因素考虑，也会更加倾向于选择巨头的云服务。在巨头们日益强大的竞争力下，其他云服务商的生存空间可能会越来越小，云计算市场份额集中化趋势将更加明显。

四、公有云巨头通过合作加码混合云

2017 年，混合云进入了以大型公有云厂商为主导的圈地阶段，公有云巨头通过与相关企业合作，大力拓展混合云市场。谷歌与 Nutanix 合作布局混合云市场，并推出全新一代私有云平台，更好为用户部署混合云环境。微软与戴尔、联想、思科、华为等合作，共同推出 Azure Stack，助力用户打造基于 Azure 的混合云，并将于 2018 年商用。阿里云与私有云企业 Zstack 合作，提供无缝连接的混合云服务。AWS 与 Vmware 合作推出 VMware Cloud on AWS 服务，能够减少云迁移障碍，为用户部署混合云创造了条件。混合云兼具开放性与安全性的优势，成为不少企业的选择，根据 IDC 调查数据，目前大约有 80% 的大型企业使用混合云，预计 2018 年这一比例将达到 85%。公有云巨头混合云解决方案的日益完善，将为其现有用户和潜在用户便捷地部署混合云创造更好条件，吸引用户根据自身需求加快部署混合云，推动混合云市场快速发展。

第二节　发展特点

一、多云管理工具助推多云模式更为普及

2017 年，云服务商顺应多云趋势，开始推出多云管理工具。微软发布了多云管理服务 Cloud Services Map，可将其 Azure 云服务与其他云服务进行对比，帮助企业更轻松地管理多云环境，快速部署同时使用 Azure 与其他云服务的多云解决方案，并可便捷实现其他云服务向 Azure 的迁移。VMware 在其

VMworld 大会推出的 7 个云服务也侧重了多云管理服务，通过跨云控制帮助企业更好实现多云管理的便捷性和灵活性。这些管理工具的推出，能够帮助用户更便捷部署多个厂商的云服务，并对其进行管理和控制。多云模式通过灵活搭配多个云厂商的产品，形成契合企业需求的最佳云服务组合，达到更低的总成本，缓解单一供应商宕机带来的风险，并能减少被单一厂商"绑定"的风险，这些优势让多云模式日益受到用户青睐。在市场需求下，预计有更多多云管理工具推出，帮助解决异构环境中部署或迁移应用、跨云跨网络运行应用、多云运行状态监控、多云计费等长期困扰用户的问题，促进多云模式成为企业采用云服务的常态，据 IDC 调查数据，超过 85% 的企业将在 2018年底前实施多云策略。

二、人工智能云正在成为新型云计算服务

2017 年，人工智能发展掀起新一波热潮，各大企业加快研发推出人工智能技术和产品。人工智能具有开源、开放的发展特征，云端部署可以更好发挥其这一优势，加快促进其发展和应用，已有不少云计算厂商以云服务模式推出人工智能开放平台，提供人工智能服务、算法和计算能力。如：腾讯云、百度云、金山云均推出了深度学习平台；腾讯云对外开放计算机视觉、语音识别、自然语言处理等能力；百度推出云服务框架——ABC–STACK，将多年积累的人工智能和大数据技术能力，以云的形式服务于行业企业，推出 FP-GA/GPU 云服务器，满足企业和开发者在人工智能时代的异构计算需求；阿里云发布 AliGenie 开放平台，包括精灵技能市场、硬件开放平台、行业解决方案三部分，能够便捷地为普通硬件产品提供语音交互能力，全面赋能智能家居、新制造、新零售、酒店、航空等服务场景，还发布了 ET 医疗大脑、ET工业大脑、ET 航空大脑、金融大脑；京东云推出专为人工智能打造的公有云GPU 服务；谷歌以云计算模式提供面向人工智能的 TPU 计算能力；亚马逊AWS 发布全托管端到端机器学习服务，可帮助数据科学家、开发人员以及机器学习专家快速构建、训练并托管规模化机器学习模型，将显著加速机器学习的应用，发布面向开发者的可实现深度学习的 DeepLens 摄像机，以及视频识别服务、音频转文字服务、翻译服务、自然语言识别服务等人工智能应用；

微软借助云服务提供运行于 Azure 上的机器学习服务、认知服务、Visual Studio Code 人工智能开发套件等。未来，随着人工智能的快速发展，其应用将在诸多行业领域展开，而各大厂商将人工智能与云计算相结合，提供便捷、易获取的人工智能技术和能力，将成为众多用户使用和部署人工智能业务的重要方式。以推动人工智能技术创新和应用发展作为主要内容的云服务业务，将成为各大企业竞相推出的新服务，也将加快推动人工智能和云计算共赢发展。

三、云计算与边缘计算正进入协同新阶段

2017 年，云计算厂商对边缘计算更为重视，纷纷推出边缘计算相关产品和服务。微软在其开发者大会上表示，其云战略正在朝着边缘计算方向发展，并在之后推出预览版 Azure IoT Edge，将 Azure 云端的串流分析服务、机器学习、认知服务等赋予边缘设备，以加快对异常事件的预警反应，就近提供人工智能服务。亚马逊发布边缘计算软件 AWS Greengrass，将计算、信息传输、数据缓存带到边缘设备。华为发布了基于边缘计算的物联网解决方案，将边缘计算和云管理引入物联网领域，就近提供智能服务。思科与 SAS 合作，计划将商用智能分析技术带到边缘设备。开源社群 Linux 基金会成立 EdgeX Foundry 项目，计划为边缘计算建立可互相沟通和协作的通用标准。SAP 推出了边缘计算解决方案，把云端的机器学习和预测分析服务，带到边缘设备。未来，随着主要厂商若干边缘计算解决方案的推出，将推动边缘计算加快走向落地应用，并给云计算的角色带来变化。边缘计算让云计算去中心化，将云向更靠近用户的方向延伸，便于满足低延时、高带宽等新兴应用需求，云端则更多提供对延时等要求不高的应用和边缘设备没有能力处理的计算服务，并扮演集中协调管理的角色，负责支撑各边缘设备的正常运转。伴随物联网、虚拟现实、人工智能等对实效和带宽要求高的新兴应用的发展，云计算和边缘计算这种互相配合、各负其责的服务趋势将开始显现。

第七章　大数据

2017 年，我国大数据产业发展打开突破口，迎来爆发期，大数据融合应用进程加速，产业集聚进一步特色化发展，创新驱动仍是产业发展主基调，有力地促进了数字经济蓬勃发展，也为传统产业转型升级提供了新的助燃剂。同时，我国大数据产业生态仍需进一步完善，大数据交易市场还存在一定程度的混乱现象，有的大数据企业因发展速度快而在管理等方面存在短板等。为此需要加强政策引领，强化以应用促发展的良性模式，进一步完善大数据相关法律标准，保障我国大数据产业健康快速发展。

第一节　总体发展情况

一、产业规模

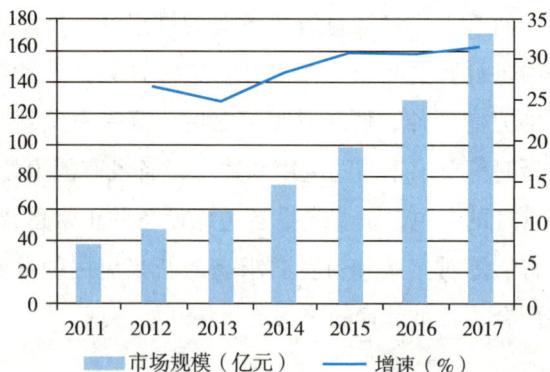

图 7-1　2011—2017 年我国大数据市场规模及增速

资料来源：易观智库，2017 年 3 月。

2017 年我国大数据产业取得一定突破，不但作为新兴产业发展势头迅猛，还将在未来几年带动 IT 行业等国民经济其他领域加速转型升级。

二、产业结构

2017 年，我国大数据产业格局逐步稳定，形成了几大集聚发展区，分别是京津冀地区、长三角地区、珠三角地区、中西部地区和东北地区，产业生态日渐成熟。其中，在西部地区中，四川和贵州处于发展的领衔地位。

从企业分布来看，大数据企业具有明显的时空聚集特性。大数据企业的注册地多集中于华北、华东、西南、华南四大地区。从企业业务的空间分布来看，华北、华东和华南是最主要的区域。

第二节　主要特点

一、大数据相关政策文件密集出台

2017 年，大数据政策逐步细化落地。为进一步贯彻落实国家《促进大数据发展行动纲要》，国家发展改革委、工业和信息化部、农业部等部委纷纷出台了行业内大数据发展的指导意见或行动方案。大数据政策逐渐向各行业、各领域延伸，这也进一步加快了大数据应用推广的步伐。

二、大数据产业支撑体系逐渐完善

2017 年，我国大数据产业发展环境持续优化，大数据安全保障体系和法律法规不断完善，大数据相关标准体系基本成型。数据交易、数据共享、工业大数据等国家标准的研制工作有序展开，北京、上海、贵阳等地开展了大数据标准试点示范。一批大数据产业支撑平台包括技术研发实验室、工程技术中心、产业联盟等陆续建设。从管理机构来看，大多数城市在推进城市数据开放共享中，将组织机构建设作为工作开展的前提。截至 2017 年第四季度，全国至少有 13 个省份成立了 21 家大数据管理机构。

表7-1 2017年我国出台的行业大数据政策

序号	文件名称	发文单位
1	《大数据产业发展规划（2016—2020年）》	工信部
2	《信息产业发展指南》	工信部、国家发改委等
3	《软件和信息技术服务业发展规划（2016—2020年）》	工信部
4	《云计算发展三年行动计划（2017—2019年）》	工信部
5	《智能制造发展规划（2016—2020年）》	工信部
6	《信息化和工业化融合发展规划（2016—2020年）》	工信部
7	《政务信息资源共享管理暂行办法》	国务院办公厅
8	《国务院关于加快推进"互联网+政务服务"工作的指导意见》	国务院办公厅
9	《关于促进和规范健康医疗大数据应用发展的指导意见》	国务院办公厅
10	《农业农村大数据试点方案》	农业部
11	《关于推进交通运输行业数据资源开放共享的实施意见》	交通部
12	《关于加快中国林业大数据发展的指导意见》	林业局
13	《国家林业局落实〈促进大数据发展行动纲要〉的三年工作方案》	林业局
14	《生态环境大数据建设总体方案》	环保部
15	《促进大数据发展三年工作方案》	国家发改委等部委
16	《促进国土资源大数据应用发展的实施意见》	国土资源部
17	《关于推进全国发展改革系统大数据工作的指导意见》	国家发改委

资料来源：数据观，2018年1月。

三、政务大数据开放共享取得突破

《促进大数据发展行动纲要》将"加快政府数据的开放共享"作为重要任务之一。2017年，《中共中央办公厅国务院办公厅印发关于〈推进公共信息资源开放的若干意见〉的通知》和《国务院办公厅关于印发〈政务信息系统整合共享实施方案〉的通知》对政务信息共享提出新的要求。

在政策、技术、应用等多重因素的推动下，我国城市政务数据开放共享取得突破进展，基本形成了跨部门数据共享共用的格局。北京、天津、上海、重庆、河北、辽宁、贵州、山西等省市政府相继出台了大数据研究与发展行动计划，整合数据资源，实现区域数据中心资源汇集与集中建设，按照"建设全国一体化的国家大数据中心"的国家战略要求，提供跨地域、跨部门、跨系统等的协同管理和服务支撑平台。2017 年 8 月，上海市发布《上海市政务数据资源共享和开放 2017 年度工作计划》，部署推进六大重点任务，分别是：统筹推进跨部门数据资源共享协同、加强政务数据资源目录体系建设、稳步推进政务数据资源开放、促进公共数据资源融合创新应用、优化政务数据资源服务载体、构建市区两级联动模式。

针对当前开放工作中平台缺乏统一、数据缺乏应用、管理缺乏规范、安全缺乏保障等主要难点，2017 年底，中央网信办、国家发展改革委、工业和信息化部联合印发《公共信息资源开放试点工作方案》，确定在北京、上海、浙江、福建、贵州开展公共信息资源开放试点，要求在建立统一开放平台、明确开放范围、提高数据质量、促进数据利用、建立完善制度规范和加强安全保障六方面开展试点，探索形成可复制的经验，逐步在全国范围加以推广。

四、大数据应用创新迎来黄金时代

近年来，大数据领域技术创新活跃，新技术成为大数据获取、存储、处理分析或可视化的有效手段。2017 年，伴随着新一轮的信息技术革命和商业模式创新，大数据技术为实体经济插上数字化羽翼，一场以数字化为形式、以技术进步为手段、以经济转型升级为目标的变革全面展开。工业和信息化部总工程师张峰认为："目前我国大数据产业迎来全面良好的发展新局面，关键技术领域取得新突破，大数据软硬件自主研发实力快速提升，一些大数据基础和平台处理能力提升世界潜力，涌现出一大批大数据创新企业和创新模式。"

2017 年，我国大数据产业仍然保持高速增长态势，并从单一的技术概念逐渐转化为新要素、新战略、新思维。目前大数据产业正经历从构想迈向应用的过渡期，在政府和市场力量的全力推动下，大数据已经在政用、商用和民用领域全面覆盖，并且在区块链应用上实现重大突破。目前，我国广东、福建、浙江、河南、上海等 16 个地区均依据当地发展现状制定相应的大数据相关政策，近 20 个地方政府陆续推进大数据应用平台建设。

数据资产运营的价值通过应用的落地逐渐得到释放，并在全国涌现出了一批典型应用。例如中国首家政府大数据资产运营商——九次方大数据凭借在全国各省区市的实践经验，在各地打造了旅游、精准扶贫、医疗、信用、农业等一系列政府大数据应用样板间，助力实现了政府结构扁平化、公权约束精准化、社会治理数字化、民生服务智能化，为激活政府数据资产价值提供了研究样本，掀起政府大数据应用发展的新高潮。

五、大数据人才队伍建设进程加快

2017 年 11 月，我国首个由行业主管协会起草的大数据人才培养发展方向的通识性标准——《中国大数据人才培养体系标准》正式发布，预示着中国评定大数据人才的核心标准转向是否能够综合使用工具为企业或客户创造商业价值。

数据显示，2017 年，我国已有 35 所本科学校获批"数据科学与大数据技术"本科专业，62 所专科院校开设"大数据技术与应用"专科专业，申报数据科学与大数据技术本科专业的学校达到 293 所。

由于目前国内培养大数据人才的院校都尚处于起步阶段，学校教育与大数据市场需求脱节严重，社会培训机构对大数据人才的培养将是很好的补充。

第三节　相关建议

一、强化以应用促发展的大数据产业生态

2017 年，我国大数据产业发展迅猛，但各地还存在着不同程度的重建设轻应用、市场需求未完全释放等问题。因此，建议一是充分发挥政府、科研机构、行业联盟等的平台作用，进一步挖掘市场需求，加强供需双方的精准对接，集中行业优势力量，以市场需求为导向，推动大数据关键技术的研发和突破。二是加强政策引导，开展大数据应用示范试点，同时，有计划地加快政府数据资源开放，最大限度地释放大数据应用市场潜力，也助力"双创"开展。三是以各行业大数据应用实践为基础，逐步形成规模化的大数据知识

产权体系，进而保障我国大数据应用推广的健康可持续发展。

二、健全完善大数据相关法律和标准体系

2017 年，我国大数据相关法律和标准体系逐渐完善，但还需进一步强化。因此，建议一是根据全球数据安全形势和产业发展特色，不断完善数据相关立法，特别是加强敏感关键数据保护和数据跨境流动管理，确保国家和个人的数据安全。二是加强数据相关法律法规的宣传，提升国民数据使用和隐私保护的合规意识和防范意识，让每个人都从思想上行动上武装起来，不仅确保大数据相关法案的顺利实施，也助推法律法规的进一步完善。三是加快完善数据交易规则，制定数据价值评估标准，加强数据流通的风险测评，保障数据相关主体的合法权益。

第八章　分享经济

2017 年，分享经济持续成为我国新经济发展热点，不断呈现出新变化，部分领域已经发展成为全球分享经济引领者，对激发新兴市场活力起到重要作用。党的十九大报告提出，要"推动互联网、大数据、人工智能和实体经济深度融合，在中高端消费、创新引领、绿色低碳、共享经济、现代供应链、人力资本服务等领域培育新增长点、形成新动能"。在国家政策的引导和支持下，我国分享经济将呈现新的发展趋势，需要有针对性地开展工作，以促进分享经济健康持续发展。

第一节　总体发展情况

一、政策情况

2017 年 7 月 3 日，国家发展改革委、中央网信办、工信部等八部门联合印发《关于促进分享经济发展的指导性意见》，成为全球首个国家层面出台的分享经济政策文件，不仅为未来政府和市场监管提供了战略性指导，也回答了现阶段分享经济面临的争议和难点。2016 年以来，分享经济对传统行业和城市治理的冲击逐渐显现，关于分享经济的争议和质疑增加，引发了各界对分享与伪分享、分享与租赁等分享经济本质的探讨争论。《意见》的出台及时理清了分享经济概念，提出了现阶段我国分享经济的本质和特征，用发展的眼光看待全局，不仅回应了质疑，更为分享经济未来发展留出空间。当前，处在风口上的分享经济受到热捧，资本追逐、企业涌入、用户跟风都造成了分享经济发展的不理性和不平衡。《意见》以审慎的眼光理性看待分享经济，通过分业界定、分类指导、统计评价等重要内容举措，科学鉴定分享经济的发展成效，有利于提升质量效益和可持续发展。

二、市场规模

分享经济进入中国以后，国家给予了宽松包容的发展环境，分享经济市场受到巨量资本热捧，巨头企业迅速崛起，独角兽企业大量涌现，分享平台全球竞争实力越发雄厚，我国分享经济新兴品牌正在成为彰显国际影响力的重要力量。2017 年，全球共享经济平台正在快速发展，相关行业的公司总市值已达到了 4.3 万亿美元，雇佣劳动力超过 130 万。与发达国家对比来看，2017 年美国约有 5500 万人使用共享服务；会计师事务所普华永道预计，在未来 10 年内，英国的共享平台活动将以每年 30% 的速度增长；据矢野经济研究所（Yano Research Institute）估算，日本共享经济平台的交易量将从 2016 年的 2600 万美元增长到 2020 年的 5400 万美元；① 2017 年，我国共享经济的交易规模可达到 4.5 万亿元，继续保持年均 40% 左右的高速增长，到 2020 年大约将占 GDP 的 10%，共有 59 家共享经济类企业成立，共有 190 家共享经济类企业获得融资，融资资金约合 1159.5 亿元，分布在共享单车、共享汽车、共享充电宝等 11 个热门领域中。

三、行业分布

2017 年，各行业分享经济发展百花齐放，不同细分领域呈现出不同的行业特点。交通出行、医疗资源、内容娱乐等细分领域分享经济发展最为火热，覆盖范围不断向二三线城市延伸，继续受到资本市场青睐。以交通出行领域为例，2017 年，滴滴出行获得了 95 亿美元（约合 627 亿元人民币）融资，成为本年度融资金额最高的共享经济类企业，神州租车、首汽约车、易到等网约车平台仍在投入重金参与竞争，美团等新玩家加速涌入，中国整体网约车市场规模已达到美国的 4—5 倍；摩拜、ofo 成为共享单车领域最能吸金的企业，分别累计获得约合 70 亿元和 82 亿元的融资，整体共享单车市场规模达

---

① 世界经济论坛：《城市共享经济白皮书》，2017 年。

到102.8亿元，同时中路集团等传统出行企业主动拥抱分享经济，进军共享单车企业。空间资源、制造资源、农业资源等领域分享经济发展平稳，更多传统企业纷纷主动拥抱分享模式。以制造业为例，传统制造业厂商布局分享经济领域，如沈阳i5机床推出定制＋分享的智能化平台，上海明匠推出智能工厂解决方案，三一重工布局合作建立云平台的工业分享，南航、中航、东航、国航等航企共同成立航材共享平台公司；易科学实现高校、企业的科研设备共享等。P2P金融领域遭遇严厉监管，行业整体发展环境得到净化，企业加速优胜劣汰并向头部集中，推动行业健康有序发展。截至2017年底，P2P网贷行业平台累计达5382家，成交额达2.44万亿元，增长速度放缓。

第二节　主要特点

一、分享内涵正在由狭义分享向泛分享转变

我国分享经济于2012年爆发式崛起，经过3—4年黄金增长，2017年进入平稳发展阶段。伴随着分享经济的快速发展，关于分享经济概念本身的争议和质疑日益增加，引发各界对分享经济本质、特征和价值的探讨争论。在此期间，分享经济内涵不断发展成熟，不再仅仅关注狭义层面的资源是否属于个人、是否剩余，而是更加关注以分散的社会闲置和富余资源为基础，通过互联网等新一代信息技术实现资源整合和优化配置，进而产生的所有社会活动和经济活动的交易价值总和。闲置或富余、资源优化配置和产生交易价值成为分享经济内涵的三大属性，不论分享服务以C2C、B2C或B2B哪种模式进行，只要满足以上三点即成为广义层面的"泛分享经济"，这为分享经济新业态赋予了更加宽容的价值内涵。

二、分享市场正在由大规模向高质量转变

我国分享经济起步较晚，在庞大资本催化和市场需求下，实现了高速发展，新业态、新模式层出不穷。从细分领域看，金融借贷、交通出行等少数

分享领域进入规范发展阶段，正逐渐向多样化和细分行业纵深演进。然而，更多细分业态刚刚起步，由于分享经济创新企业无先例可循，找到成熟、稳定、可盈利的商业模式需要经过长期探索，大量分享平台倒闭在萌芽阶段。据赛迪研究院不完全统计，截至目前，共有 19 家共享经济企业宣告倒闭，其中包括 7 家共享单车、2 家共享汽车、7 家共享充电宝、1 家共享雨伞企业。随着资本的越发理性，我国分享经济正在经历与移动互联网崛起时期相似的市场优胜劣汰过程，通过市场自身"挤压水分"由大规模向高质量转变，真正有价值的分享模式将实现持续快速发展。

三、分享业态创新正在由商业模式创新向技术融合创新转变

随着 VR、大数据、人工智能等日趋发展，新技术正在逐渐成为各行业智能基础应用，分享经济领域创新也正在由商业模式创新向技术融合创新转变，催生出更高效、更多样和创新性强的分享模式。如：科技公司"硬蛋"通过互联网和共享模式打通各行业的核心产业链，已汇集超过 16000 个智能硬件创新项目、14000 家供应商以及 1600 万硬件粉丝，推动全球创新与中国制造相融合；京东物流与传统企业共享仓储，运用智慧供应链、大数据预测等新技术对商品进行销售预测、智能库存调拨，帮助传统企业优化供应链，提升库存周转效率。

第三节　创新应用进展

一、高价值商业模式创新应用发展潜力显现

2017 年，细分行业创新企业大量涌现，共享充电宝、共享雨伞、共享篮球、共享健身仓等短时间内吸引大量投资，成为分享经济追逐新风口。然而，由于市场供需不匹配且商业模式不成熟，到 2017 年底，大多数初创企业都已退出市场，众多新业态终成"昙花一现"，制造、医疗等潜力较大、价值较高的创新分享模式成为得以生存的主要创新应用。

表8-1　2017年分享经济典型商业模式创新企业

企业名称	商业模式创新
企鹅医生	共享医疗平台，提供医生资源共享、医疗服务共享、医疗数据共享、医疗供应链资源共享等，同时还向合作伙伴共享 CIS 系统、第三方检验服务、自助健康设备投放、服务及健康产品包等资源。
中路集团	中路集团推出共享出行平台——永久出行，以"永久电踏车"为切入口，面向全球提供两轮＋四轮中短途智慧出行的整体解决方案。
通威股份	农业专家资源分享企业，匹配鱼病专家和养鱼企业等。
Airparking	采用的是 C2B2C 模式，车位所有人分享闲置车位，公司和物业在线上分发信息，线下指引车辆，消费者预约消费。
美的	美的推出美好生活共享计划，采用自动贩卖机设计，为外来务工人员、失独老人、残疾家庭、贫困儿童等受助者带来领取食物的机会。工作人员检查捐赠的食品，登记后用标签注明有效期，放入冰箱，而受助者可以随时来，透过玻璃选择食物，然后刷卡领取，但每人每天最多能领三次。以此为食品安全、稳定供给及受助人群食物合理分配提供有力保障。
多家航空公司	南航、中航、东航、国航等航企共同成立航材共享平台公司，以富余航材处置、消耗件集中保障及周转件共享，以应用数据共享和互联网技术，优化行业资源配置，创新供应链管理模式，打造中国民航新型航材保障体系。
MOULD lao	共享制造资源平台，帮助中小微企业实现设备共享、品牌共享、技术共享、人才共享、财税等服务共享，帮助部分技术工人获得生产设备使用权或所有权。

资料来源：赛迪智库，2018年1月。

二、技术创新提升企业出海发展实力

2017年，共享单车被称为中国"新四大发明"之一，盛誉响彻海内外，被冠以"中国式创新"的称号。从技术创新进展来看，细分行业头部企业充分运用人工智能、VR、区块链、物联网等新技术提升智能化匹配效率，改变生产生活方式，甚至重构产业格局。通过技术创新，我国分享企业正在受到国际市场青睐，企业出海发展实力强大，分享经济技术创新成为助力分享企业出海的最硬敲门砖。

表8－2 2017年分享经济典型技术融合创新应用企业

企业名称	技术融合创新
网心科技	共享计算智能硬件玩客云，通过美国联邦通信委员会（FCC）和欧盟CE认证。此举不但表明玩客云可以开始在欧美市场销售，同时也意味着共享计算这一全新云计算模式获得了欧美权威机构的认可。
滴滴	成立AI Lab，发布"交通大脑"，运用AI技术改善城市交通。
Smartshare	利用区块链技术和数字身份进行资产数字化，利用智能合约对共享属性的实体进行价值输出，让一切可共享的物体实现共享价值交换的一种分布式网络协议。
八匹马	分时租赁，所有物流车型全部采用智能化管理系统，通过车载终端对车辆的所有参数进行实时监控，利用移动互联网APP平台为客户提供更便捷的服务。

资料来源：赛迪智库，2018年1月。

第四节　发展形势展望

一、有限市场条件下的分享经济将持续面对"供给过剩"难题

从共享单车发展情况来看，区域间投放不平衡、局部地区投放量过大、单车堆积如山的现象时有发生，仅摩拜和ofo两家每年投入市场单车就高达3000万辆，而以往中国自行车年产量中投向国内市场的仅2500万辆。截至2017年9月，北京市有15家共享单车企业，投放车辆总数达235万辆，而与人口更多的东京相比，可查的日本共享单车企业仅有DOCOMO BIKESHARE和软银2家，投放车辆总数仅8000多辆，同类型城市之间不同市场布局的背后，是企业对商业模式与安全性、便利性、公共秩序综合考量后的不同选择。展望2018，我国大多数分享经济企业仍在加紧布局，资本雄厚的巨头企业又重新涌入分享市场，若没有分享经济发展和治理的相互平衡，有限市场条件下的分享经济将持续面对"供给过剩"难题。

二、商业模式不清晰还将导致分享经济盈利困境

当前，分享经济盈利模式主要以交易抽成、广告盈利、金融服务、电子

商务和企业服务等为主，但由于分享经济市场门槛低、竞争激烈、供给和规模效应不足，平台用户数量尚未稳定，大多数分享平台都面临获客成本高、客户变现利润低的盈利困境。从 P2P 网贷行业来看，金融领域是我国分享经济起步较早的行业，发展至今已从粗放走向规范，P2P 网贷市场经过大浪淘沙，行业格局趋向稳定。尽管如此，大多数 P2P 网贷平台尚未实现盈利，中小平台生存难度更大，获客成本高、合规成本高问题困扰着行业发展。资料显示，有数据可查的 14 家 P2P 网贷平台中，收入超过亿元的平台预计有 8 家，其中亏损的平台有 5 家；多家上市系网贷平台公布的业绩报告显示，目前网贷行业盈利平台仍是少数，多数贷款余额在 50 亿元以上的大中型平台都难盈利。展望 2018，分享经济可能面临着盈利方式不明、市场泛滥、资本裹挟等众多问题，短时间内还难有更好的解决办法，可能还将导致分享经济盈利困境。

三、资本回归理性后的分享经济部分领域将进入洗牌期

当前，我国大多数分享经济业态均处于发展初期，众多分享经济企业均表示盈利不是最主要的考虑因素，快速获取海量客户、培养用户习惯才是当前分享平台发展的主要目标，这便造成盈利难下的分享企业对资本的过分追求。从 2017 年火爆的投资项目来看，仅仅 10 天共享充电项目获得 3 亿元融资，40 天融资 12 亿元，有 38 家基金宣布投资了 22 个共享充电项目，共享篮球、雨伞等新兴共享初创公司也在短时间内获得投资约 2500 万元。必须看到，分享经济的火热一定程度上来源于资本对于概念炒作和创造刚需欲望的逐渐膨胀，在企业自身尚未探索出合适盈利模式和竞争不充分情况下，为实现规模快速扩大和盈利，资本主导了分享市场"游戏"规则，被强行置于风口上的分享模式早早夭折。展望 2018，资本市场正在转向人工智能等新风口，行业内被迫烧钱圈地的企业生命周期可能严重缩短，企业发展不可持续问题将愈加凸显，分享经济市场发展将趋于理性并加速进入洗牌期，真正高价值的分享模式将迎来更大市场空间。

第九章　互联网安全发展分析

2017 年，中国加速向网络强国迈进，互联网安全形势日益呈现复杂多元的态势。面对严峻的网络安全形势，中国多措并举，取得了显著成绩，《网络安全法》等一批法律法规陆续实施，打击网络地下产业链力度不断加大，互联网综合治理能力不断提升，网络空间"走出去"和对外合作迈出新步伐，网络安全保障能力日益提升，共享共治的互联网安全生态体系初步形成。

第一节　总体发展情况

一、互联网安全法律法规加速落地实施

互联网安全领域法律法规加速落地实施，网络安全制度体系加速形成。2017 年 3 月，十二届全国人大五次会议审议通过《中华人民共和国民法总则（草案）》，个人信息保护被明确写入，这是我国民事基本法首次对个人信息保护的明确规定，为《个人信息保护法》等相关立法工作奠定了坚实基础。6 月 1 日，我国第一部网络空间基本法《网络安全法》正式施行，标志着我国互联网掀开了崭新的一页，对于保障我国网络空间、维护国家安全具有重要意义。国家有关部门在互联网安全建章立制方面动作频出，国家互联网信息办公室制定实施了《关键信息基础设施安全保护条例（征求意见稿）》《个人信息和重要数据出境安全评估办法（征求意见稿）》《互联网新闻信息服务许可管理实施细则》《网络产品和服务安全审查办法（试行）》《互联网新闻信息服务新技术新应用安全评估管理规定》《互联网信息内容管理行政执法程序规定》《互联网新闻信息服务管理规定》，工业和信息化部制定出台了《公共

互联网安全威胁监测与处置办法》《公共互联网网络安全突发事件应急预案》《互联网域名管理办法》，国家新闻出版广电总局印发实施了《新闻出版广播影视网络安全管理办法（试行）》等一系列配套规章制度。互联网安全领域系列法律法规的制定实施是适应我国网络安全新形势的重大举措，使网络安全的篱笆越扎越紧、越扎越实，为国家网络安全撑起了一片"艳阳天"。

表9－1　2017年互联网安全相关法律

发布/实施时间	机构	名称
2017.6	全国人大	《网络安全法》
2017.5	国家互联网信息办公室	《互联网信息内容管理行政执法程序规定》
2017.5	国家互联网信息办公室	《互联网新闻信息服务管理规定》
2017.5	国家互联网信息办公室	《网络产品和服务安全审查办法（试行）》
2017.6	国家互联网信息办公室	《国家网络安全事件应急预案》
2017.7	国家互联网信息办公室	《关键信息基础设施安全保护条例（征求意见稿)》
2017.8	国家互联网信息办公室	《互联网论坛社区服务管理规定》
2017.8	国家互联网信息办公室	《互联网跟帖评论服务管理规定》
2017.9	国家互联网信息办公室	《互联网群组信息服务管理规定》
2017.9	国家互联网信息办公室	《互联网用户公众账号信息服务管理规定》
2017.10	国家互联网信息办公室	《互联网新闻信息服务新技术新应用安全评估管理规定》
2017.10	国家互联网信息办公室	《互联网新闻信息服务单位内容管理从业人员管理办法》
2017.9	工业和信息化部	《互联网域名管理办法》
2017.9	工业和信息化部	《公共互联网安全威胁监测与处置办法》
2017.11	工业和信息化部	《公共互联网网络安全突发事件应急预案》
2017.2	国家新闻出版广电总局	《新闻出版广播影视网络安全管理办法（试行)》

资料来源：赛迪智库整理，2018年1月。

二、互联网安全治理持续向纵深推进

2017年，国家持续推进互联网安全治理，加大对网络空间执法检查力度，国家和地方有关部门相继开展了一系列互联网专项整治行动，促进网络安全环境和消费环境持续向好。

2017 年，国家网信办联合相关部门开展了净化网络舆论环境，打击乱改标题、歪曲新闻原意等"标题党"行为的专项整治行动，制定了关于互联网新闻信息标题制作的专门规范，对违反《互联网新闻信息服务管理规定》及相关法律法规的"九不准"行为的新浪、搜狐、网易、凤凰、焦点等存在突出问题的 5 家网站进行了处罚。上半年，网信主管部门累计依法约谈网站 765 家，警告违法网站 262 家，会同通信主管部门取消违法网站许可或备案、关闭违法网站达到 5150 家，移送司法机关相关案件线索达到 809 件；有关网站依据服务协议关闭各类违法违规账号群组 220 万余个。北京市互联网信息办公室先后约谈了百度贴吧、今日头条、火山直播、花椒直播、新浪、网易、腾讯、微博、一点资讯、58 同城、赶集网、凤凰等多家知名网站和直播平台网站负责人，加强网络违法违规行为的监督管理。

各部门围绕网上不良信息等违法违规行为协同开展了一系列整治活动，取得了显著成效。全国"扫黄打非"办公室围绕打击网上有害信息、非法出版物以及新闻敲诈、假新闻、假记者等任务，继续组织"净网 2017""护苗 2017""秋风 2017"专项行动，全国共收缴各类非法出版物 3090 万余件，处置网上淫秽色情等有害信息 455 万余条，取缔关闭网站 12.8 万余个，查处各类案件 10300 余起。同时全国"扫黄打非"办公室还联合国家有关部门开展了互联网低俗色情信息专项整治行动，关停违法违规网站、公众号等 6000 余个，删除低俗色情信息达到 76 万条，立案查处网络传播低俗色情信息案件超过 500 起。工商总局、国家发展改革委、工业和信息化部、公安部等 10 部委联合开展了 2017 网络市场监管专项行动，打击侵权假冒、虚假宣传、虚假违法广告、刷单炒信等违法行为，优化网络消费环境，北京、天津、江苏、浙江等 30 多个省市先后建立了网络市场监管协作机制，上海市关闭各类非法主体网站达 516 个，浙江省工商局通过阿里大数据分析和梳理了 50 条线索、集中查处了 265 个涉嫌销售假冒伪劣商品的网店。

三、网络空间国际合作谱写新篇章

2017 年，面对网络空间安全问题全球化蔓延的趋势，中国务实推进网络空间对外合作交流，谱写了网络时代国际合作交流新篇章。3 月，我国发布

《网络空间国际合作战略》，全面阐述了中国在网络空间相关国际问题上的政策立场，以及中国开展网络领域对外工作的基本原则、战略目标和行动要点，开启了中国参与网络空间国际交流与合作的新阶段。4月，中澳两国举办了首次高级别安全对话，在网络安全领域，双方同意在打击网络犯罪、互派网络安全组等领域开展合作。10月，中美两国举行了首轮执法及网络安全对话会，双方将继续推进打击网络犯罪、网络反恐及网络安全保护等领域合作，维护两国的网络安全利益，构建和平、安全、开放、合作、有序的网络空间。11月，习近平主席和美国总统特朗普会晤，达成多方面共识，中美两国决定将继续执行2015年达成的网络安全合作五点共识，加强在打击网络犯罪和网络保护问题上的合作，促进网络空间的国际和平与安全。

四、网络安全保障能力持续提升

2017年，在互联网安全威胁和风险挑战不断增加的形势下，我国网络与信息安全保障体系持续完善，国家网络安全保障能力实现有效提升。为推动《网络安全法》落地实施，国家互联网信息办公室等多个部门联合组织推进《网络安全法》宣贯会，建立协同联动的网络安全保障体系，提升全社会网络安全理念。工业和信息化部组织开展了电信行业数据安全和用户个人信息保护专项检查，修订网络安全防护和新技术新业务安全评估管理办法，发布网络与信息安全相关标准90余项。网络保障技术能力不断提升，建成全国诈骗电话防范系统，实现对境内外诈骗电话的检测拦截全覆盖，累计拦截涉嫌诈骗电话近1.78亿次，建成行业网络安全应急指挥平台，与各省通信管理部门和基础电信企业实现对接联动，有效提升行业网络安全统一指挥调度能力。建设工业互联网网络安全监测平台试点，促进联网设备监测预警和应急处置能力全面提升。互联网安全监管责任体系不断健全，新技术新业务安全评估机制不断完善，对腾讯、阿里巴巴等重点互联网企业安全监管进一步强化，属地重点互联网企业安全评估工作顺利开展，互联网企业法律责任实现全面落实。

五、互联网安全生态体系初步形成

2017年，开放、合作、共享的理念日益深入，多方共建的互联网安全生态体系初步形成。一是政企合作共同推动互联网发展安全。腾讯先后与国家工商总局合作建立建立了"网络传销监测治理基地"和"可疑网络传销态势感知平台",实现对网络传销的全方位监控和精准打击。腾讯"守护者计划"帮助公安机关破获网络黑产案件达到160件,涉及非法倒卖和获取公民个人信息超过100亿条。360与国家有关部门合作,利用网站监测、威胁情报、态势感知等技术和平台,与国家相关单位协调联动,先后圆满完成了"一带一路"高峰论坛、金砖国家领导人厦门会晤、党的十九大等国家重大活动网络安全保障任务。二是企业合力扎紧互联网安全篱笆。腾讯与天融信、卫士通、启明星辰等13家网络安全厂商联合建立P13体系,与苹果、微软、谷歌、特斯拉等企业合作,共同应对互联网安全新威胁。

第二节　主要特点

一、人工智能正成为网络攻防的手段

随着人工智能技术的发展,应用门槛正逐步降低,正在成为网络攻击的主要手段。不法分子利用AI技术,可以轻松绕开互联网公司设置的账户登录安全策略,成为网络诈骗、黑客攻击等的工具。2017年9月,浙江绍兴警方破获了全国首例利用AI技术侵犯公民个人信息的案件,彻底摧毁了利用AI技术识别图片验证码团伙、数据买卖团伙、网络诈骗团伙等,成功截留被盗的公民个人信息达到10亿余组。

二、数据隐私泄露仍然面临严重威胁

随着互联网、云计算、大数据、物联网等新技术的应用普及,以及个人信息保护制度规范缺失、行业平台自律机制和管理机制不健全、行政监管不到位以及消费者个人信息保护意识不强等多种因素影响,数据隐私泄露呈现愈演愈烈的态势。《2017年上半年数据泄露水平指数报告》显示,2017年上半年全球就有超过19亿条的数据泄露或被盗,比2016年全年总量(14亿条)

还多。中国数据隐私泄露事件也越来越多。2月，暗网市场知名供应商双旗（DoubleFlag）抛售从网易、腾讯、TOM、新浪、搜狐、信网等数家中国互联网巨头盗取的数据，总量达到10亿条以上。11月，中国分期购物的领导者趣店发生数据外泄事件，超过百万学生的借款金额、滞纳金金融数据以及父母电话、学信网账号密码等隐私信息被泄露。

三、新技术新业态成为网络安全重灾区

当前，互联网领域新技术新业态蓬勃发展，应用普及全面推进，安全风险问题越来越突出，已经成为互联网安全威胁的重灾区。一是物联网安全事件呈现快速增长态势。2017年，随着物联网高速发展，联网设备的大幅增加，加上人们对物联网设备安全防护意识和能力不足，物联网成为网络安全事件高发区，仅年上半年物联网攻击就增加了280%。9月，物联网安全研究公司Armis发现在蓝牙协议中存在8个零日漏洞，影响设备总量超过53亿个。Wi-Fi设备WAP2安全协议遭破解、360水滴摄像头直播侵犯个人隐私等事件频发，让人们意识到物联网已经给日常生活带来严重的安全威胁。二是数字货币、公共Wi-Fi成为网络安全威胁热点。2017年由数字加密货币引起的互联网安全事件频繁发生，不法分子利用勒索软件、盗窃、非法挖矿等各种手段获取数字货币，永恒之蓝、Adylkuzz等各种病毒大规模爆发，仅360安全卫士拦截永恒之蓝的攻击就超过百万次，Wannacry勒索病毒导致中国众多高校受害。公共Wi-Fi风险进一步加大，用户一旦连接了有风险的Wi-Fi，其银行账户、网购信息等众多隐私都面临着被盗风险，腾讯发布的《2017年度互联网安全报告》显示，公共Wi-Fi面临着ARP中间人攻击、DNS攻击、ARP攻击等各类型的网络攻击行为。

四、网络地下产业链势力快速蔓延

网络地下产业链已经成为互联网的公害，且带来的互联网安全挑战越来越严峻。2017年，网络偷盗、诈骗、敲诈等现象层出不穷，网络地下产业链条快速形成，使得新型网络犯罪更加专业化，危害更加巨大。数据显示，中国"网络地下产业从业人员"超过150万，"市场规模"高达千亿。"9.27特

大窃取贩卖公民个人信息专案"中被盗公民个人信息超过 50 亿条,涉及互联网、物流、医疗、社交、银行等各个领域。"快啊答题"打码平台非法获取贩卖公民信息,仅在 2017 年一季度破解验证码已经达 259 亿次,累计破解验证码 1204 亿次。

第三节　相关建议

一、加快构建互联网安全领域法律生态

加快《关键信息基础设施安全保护条例》《网络安全等级保护条例》的立法进程,进一步明确关键信息基础设施概念、认定标准和程序以及等级保护制度和关键信息基础设施保护制度的部门职责。推进个人信息保护立法,明确个人数据保护标准和规范,进一步加大用户个人信息和隐私保护力度。加快制定互联网安全相关法律法规的配套规章,细化个人信息、数据交易、数据跨境流动、重要数据出境安全评估、网络安全审查、网络安全认证和安全监测结果互认等配套规章制度。制定专门的互联网数据采集法律,明确网络平台用户信息采集、利用、保密义务以及不当使用、保护不力应当承担的责任。完善互联网安全领域相关司法解释,进一步明确互联网安全相关法律法规的具体含义,促使人们准确理解互联网法律法规的精神实质和内容,保证法律的正确实施。

二、构建互联网综合治理体系

建立政府、协会、企业、用户等各类主体共同参与互联网安全治理的体系,提升治理社会化、专业化水平。创新网络安全监管模式,从关键信息基础设施建设、网络与信息安全防护设备和软件、网络管控手段等方面入手,建立全方位的互联网安全监管防控体系。加强网信、公安、金融、工信等部门协同合作,加大对网络攻击、网络诈骗、网络盗窃、网络有害信息等违法犯罪活动的打击力度,持续形成对网络犯罪的高压态势和威慑力。加大对互

联网企业、电信企业等的监督检查，建立健全第三方评估机制和用户信息安全事件投诉受理机制，维护人民群众合法权益。

三、提升网络安全产业发展能力

加强网络安全核心关键技术创新，进一步强化工业互联网、人工智能、云计算、大数据等新技术应用领域安全技术研究。加大对制造、通信、能源、金融、交通等重要行业和领域的关键信息基础设施网络安全投入，全面推进自主可控的网络安全产品服务应用普及。构建网络信息安全产业生态，营造有利于网络安全产业创新发展的生态环境。加快网络信息安全人才队伍建设，建立系统化、规模化、体系化的人才培养机制，培养一批懂技术、懂管理、安全可靠的互联网安全队伍。

企业篇

第十章　亚马逊

2017 年，亚马逊营收继续保持快速增长，在云计算、人工智能、智能硬件等领域继续加大布局力度，取得明显进展。云计算方面，发布了多款新产品和新服务，并通过强强联合方式，与相关巨头拓展细分领域云服务市场，重视将人工智能与云计算结合，通过云计算提供人工智能服务，以人工智能丰富云计算产品线。智能硬件方面，在智能音箱基础上，面向更细分的场景需求推出了系列产品，以开拓更细分市场。

第一节　总体发展情况

亚马逊公司（Amazon）成立于 1995 年，是美国最大的电子商务公司，位于华盛顿州西雅图，亚马逊为客户提供图书、影视、音乐和游戏、数码下载、电子和电脑、家居园艺用品、玩具、婴幼儿用品、食品、服饰、鞋类和珠宝、健康和个人护理用品、体育及户外用品、玩具、汽车及工业产品等数百万种产品。2001 年开始，除网络零售商外，亚马逊积极拓展其他互联网业务和产品，如云计算服务、外包物流服务、数字出版平台以及智能终端产品等。在 2017 年 2 月 Brand Finance 发布的 2017 年度全球 500 强品牌榜单中，亚马逊排名第三。在 2017 年 6 月 7 日发布的 2017 年《财富》美国 500 强排行榜中，亚马逊排名第十二。在 2017 年 6 月发布的《2017 年 BrandZ 最具价值全球品牌 100 强》中，亚马逊名列第 4 位。

根据亚马逊发布的财报，2017 财年，亚马逊的净利润为 30 亿美元，比 2016 财年增长 25%。2017 财年，亚马净销售额为 1779 亿美元，比 2016 财年的 1360 亿美元增长 31%。2017 财年，亚马逊总净销售额为 1778.66 亿美元，高于上年的 1359.87 亿美元。2017 年，亚马逊运营利润为 41.06 亿美元，低于上年的 41.86 亿美元；净利润为 30.33 亿美元，高于上年的 23.71 亿美元。

第二节　企业发展策略

一、持续加码云计算，继续独领风骚

云计算是亚马逊的重要营收来源，也是亚马逊的优势业务。2017 年，亚马逊继续大力推动和布局云计算业务，发布了涉及计算能力、边缘计算、容器、数据库、机器学习、图像语音、物联网等领域的诸多新产品和新服务，并通过强强联合方式，与相关巨头拓展细分领域云服务市场，如：与 AMD 合作共同打造大型图像处理云平台，与 SaaS 巨头 Salesforce 合作，整合双方优势产品和服务共同拓展全球市场，与 Vmware 合作推出 VMware Cloud on AWS 服务，减少云迁移障碍，为用户部署混合云创造条件，从而开拓混合云市场。在持续加码下，AWS 云服务持续保持高速增长，仍是该公司增速最快、盈利能力最强的业务，2017 年第四季度，云业务同比增长 45%，运营收入达到 13 亿美元，占到亚马逊总营业收入的 64%。Gartner 在 2017 年发布的报告显示，2016 年亚马逊 AWS 公有云占据的市场份额为 44.2%，高于 2015 年的 39.8%，AWS 以明显优势占据全球公有云市场头把交椅。

二、注重将人工智能与云计算结合

亚马逊将人工智能作为重要战略进行布局，并将人工智能与云计算结合，在 2017 年发布了多项策略和诸多相关产品，通过云计算提供人工智能服务，以人工智能丰富云计算产品线。一是成立新部门——ML Solutions Lab，将亚马逊的机器学习能力与希望使用人工智能技术构建解决方案的用户进行对接。二是在其图像识别 AI 系统 Amazon Rekognition 中，增加实时面部识别能力和图像文本识别能力。三是发布全托管端到端机器学习服务 Amazon SageMaker，可帮助数据科学家、开发人员以及机器学习专家快速构建、训练并托管规模化机器学习模型，能够把数据清洗、建模、调参优化等交由机器处理，将显著加速机器学习的应用。四是发布了视频识别服务、音频转文字服务、翻译服务、自然语言识别服务等人工智能应用。

三、推出多款智能硬件，丰富应用场景

亚马逊是智能音箱的先驱者，eMaketer 在 2017 年上半年的报告显示，亚马逊凭借 Echo 系列产品占领了七成美国智能音箱市场，奠定了其市场领头羊地位。2017 年，亚马逊继续在智能硬件领域深耕，发布多款产品。4 月，亚马逊首次尝试智能音箱之外的语音助手产品，推出带有人工智能摄像头的 Echo Look，除了能提供 Alexa 相关的询问天气、播报新闻、日程安排等服务外，Echo Look 借助机器学习的人工智技术，在给用户拍照后，可以判断穿着搭配是否合适或流行。5 月上旬，亚马逊冷不丁地推出带屏幕的 Echo Show，具有包括显示天气、日期等日常信息，播放 YouTube、CNN 等视频，伴随音乐播放显示歌词、专辑封面等，特别是，用户能够通过前置摄像头和应用程序与 Echo Show 以及手机内置 Alexa APP 的用户进行视频通话。6 月，亚马逊发布一款小巧的语音硬件——Dash Wand，主打语音购物功能，通过语音或者用它扫描商品条形码，用户便可在线下单然后等待货物送上门。9 月，亚马逊发布的第二代 Echo、Echo Plus 、Echo Spot、Echo Connect 等系列产品。Echo Spot 相当于低配版本的 Echo Show，小巧、圆润的外观，以及多种样式的时钟显示模式，用户很大程度上会把它放在床头当闹钟使用，意味着亚马逊的 Echo 系列占领用户客厅、厨房等之后，进一步深入到卧室。Echo Connect 就是一个很好的例子，它针对的是家庭中有高频使用固话的垂直细分用户，其本身并没有语音功能，只是个连接器，搭配 Echo 使用。通过连接线将 Echo Connect 插入家中的座机，用户便可以使用家中任何一个 Echo 拨打/接听。12 月，亚马逊发布面向开发者的可实现深度学习的 DeepLens 摄像机，其预装大量 AI 工具，包括光学字符识别、图像与物体识别等，可以识别宠物、日常物品、特定动作，并能够训练 AI 模型识别更多的物体，可帮助用户更快测试并开发基于视觉的 AI 功能。

第十一章　苹　　果

2017 年，苹果推出了一系列产品和服务，其中，iPhone 仍然是其最受关注的产品。苹果不断丰富自己的 APP 生态系统，坚信 AR 将有广阔的前景。同时，苹果也开始涉入自动驾驶领域，与众多厂商展开竞争。

第一节　总体发展情况

2017 年，苹果的产品品类和服务业务越来越丰富，营业额也创下历年来第四季度的新高。苹果 2017 财年第四季度业绩报告显示，该季度苹果营收达到 526 亿美元，比 2016 年同期增长 12%，其中国际销售占该季度营收的 62%。iPhone 8、iPhone 8 Plus、Apple Watch Series 3 以及 Apple TV 4K 等新产品继续壮大了苹果的产品阵容。

iPhone 仍然是苹果最受关注的产品。在国际市场，《今日美国》发布的"2017 年最畅销科技产品排行榜"显示，iPhone 在 2017 年的全球销量达到 2.23 亿部，较 2016 年的 2.154 亿部增长 3.5%。在国内市场，国际调研机构 GFK 公布的"2017 年中国市场手机销量排行榜"（采用 sell – out 出货量统计方式，即统计从厂商到最终消费者手中的出货量）显示，苹果 iPhone 在中国的销量是 5105 万部，排在华为、OPPO、vivo 之后，位列第四。

第二节 重点发展战略

一、不断推陈出新，丰富产品种类

2017 年，苹果发布了多款软硬件产品。推出了 3 款全新 iPhone，多款 Mac 计算机，一款 Apple Watch 等产品。与以往一样，苹果新产品发布活动分布在全年，几乎每个季度都会有新产品发布。

表 11 –1   2017 年苹果新产品发布情况

时间	发布产品
1 月	发布了数款软件更新包，其中 iOS 10.2.1 是第一个包含能通过降低老款 iPhone 速度、防止手机因电池损耗而意外关机功能的更新包。 发布了 watchOS 3.1.13、tvOS 10.1.1 和 macOS 10.12.13。
2 月	发售了一款硬件产品——配置 W1 芯片的 BeatsX 耳机。
3 月	发布红色特别版 iPhone 7 和 iPhone 7 Plus。 增加了 iPhone SE 和 iPad mini 4 机身内存容量，并淘汰了 iPad mini 2。 公布了 6 种新的官方 iPhone 保护壳配色和新款 Apple Watch 表带，其中包括 Woven Nylon 样式表带。 发布了价格仅为 329 美元（约合人民币 2152 元）的全新 9.7 英寸 iPad。 发布了 iOS 10.3，引入了 Find My AirPods、苹果文件系统和 CarPlay 更新包等特性。 发布了 watchOS、macOS 和 tvOS 更新包。
4、5 月	发布了几款软件更新包。
6 月	在全球开发者大会上首次公开演示了 HomePod 智能音箱，公布了 iMac Pro。 发布了全新 10.5 英寸 iPad Pro，发布了与以往版本相比边框更窄，以及配置升级的 12.9 英寸 iPad Pro。 发布了配置 Kaby Lake 处理器的 MacBook Pro 和 iMac，其中，iMac 增添了 USB – C 接口，配置亮度更高的新显示屏。MacBook Air 也有小幅升级。
7、8 月	发布了 iOS 10.3.3，其中包含部分 iPad Pro 壁纸，watchOS 3.2.3、tvOS 10.2.2 和 macOS 10.12.6。 苹果和 Beats 发布了新配色的 Beats Solo 3 耳机，集成有 W1 无线芯片。

时间	发布产品
9 月	发布 3 款 iPhone——iPhone 8、iPhone 8 Plus 和 iPhone X。 为 iPhone、iPad、Mac、Apple Watch 和 Apple TV 发布了全新软件。 公布了支持 LTE 连接技术的全新 Apple Watch Series 3。 正式公布了 Apple TV 4K，支持 HDR、4K 质量视频。 发布了新款 iPhone 保护壳、Apple Watch 表带，以及带有 Lightning 接口的升级版 Beats urBeats 耳机。 发布了配置苹果 W1 芯片的 Beats Studio 3。
10 月	发布了数款软件更新包，包括 iOS 11.0.2、iOS 11.0.3 和 iOS 11.1。其中，iOS 11.1 包含有数百个全新表情包，以及其他缺陷补丁软件，并提升了系统性能。Watch OS 4.1 的表现则更突出，包含 Apple Music 支持和 Radio 流媒体服务。
11 月	在 10 月份接受预订后，iPhone X 从 11 月 3 日起在全球范围内正式开始销售。
12 月	发布了起步价 4999 美元（约合人民币 32704 元）的全新 iMac Pro 计算机，其中包含全新的太空灰配件。 发布了 iOS 11.2，向广大用户开放 Apple Pay Cash，同时修正了部分缺陷。 值得注意的是，亚马逊的 Prime Video for Apple TV 软件也于 12 月份发布，标志着亚马逊和苹果在僵持 2 年后终于握手言和。

资料来源：赛迪智库整理，2018 年 1 月。

二、顺应热点趋势，强化生态系统

据苹果 App Store 编辑点评，2017 年，APP 文化有四大突破性趋势：一是增强现实（AR）APP 和游戏登上舞台，二是实时竞技游戏崭露头角，三是短视频成为碎片时间的最佳消费品，四是知识付费类 APP 越来越多。

AR 是苹果坚信的未来。在 2017 年中的 WWDC 大会上，苹果公司特别强调了 AR 方向，还为 iOS 11 发布了 ARKit 开发套件，让开发者能简单作出 AR 类的 APP 产品。目前能让人最直接体验 AR 的不仅是游戏类软件，还有 magicaplan 等工具类软件，开发者们不但让 AR 更有趣，还使其有了实用价值。宜家出品的 IKEA Place 能让人掏出手机就看到家具摆放效果，Sky Guide 则让用户拿起手机就能观星互动。这些都是在已有 APP 的基础上加上 AR 元素从而让软件更为有趣。

实时竞技游戏受到欢迎。国内开发者经常将这类游戏命名为"××大作战"。苹果公司认为，这个节奏越来越快的时代，玩家需要更简单直接，又对抗激烈的游戏。这类游戏一般都有非常简单的游戏规则，没有复杂的成长系统，上手就玩并可以多人对战等。这些特点符合快节奏消磨时间的需求。

短视频已经成为碎片时间的最佳消费品，用户的要求也不断增加，优秀的视频编辑软件不断涌现。2017 年的 iPhone 年度应用 Enlight Videoleap 就是一款视频编辑软件，同时 VUE、OLDV、Vimo 等软件也受到苹果关注。

知识付费模式开始兴起。虽然中国的知乎来源于国外的 quora，但 quora 的商业模式仍以广告业务为主，反倒是中国的互联网行业开启了知识付费的模式，2016 年被认为是"知识付费元年"。为优质知识付费的潮流开始兴起，学习也有了新的形式，属于这种趋势的 APP 有得到、豆瓣等，它们不全是严格意义上的"问答"类，但都有个人用户靠自己创造内容获得收入的机会。

《Fresh Air》仍是 2017 年 iTunes 下载最多的播客。每日新闻已被证实成为深受观众喜爱的类别，另外，《纽约时报》新推出的《The Daily》以及 NPR 的《Up First》在 2017 年的下载量同样令人瞩目。《迫切的任务》继续保持领先，其最受追捧的节目有《A Murder On Orchard Street》《Dirty John》和《S - Town》。

此外，苹果公司从 2016 年开始丰富自己的 iMessage 系统，给它加入了 iMessage 应用商店。在 2017 年的榜单中，还出现了"我们最喜爱的表情贴纸"，它们是用于 iMessage 的产品，国人更习惯称之为"表情包"。当然，因为用户习惯的不同，它更多反映的是世界范围内用户的喜好。

三、开展研究创新，拓展业务领域

目前在自动驾驶领域，苹果面临来自多家企业的竞争，比如 Alphabet 旗下的 Waymo、Uber、丰田、Lyft、通用、百度、沃尔沃和本田等。尽管最开始的目标是独立开发无人驾驶技术，苹果随后决定开发一套能与其他多家车厂兼容的自动驾驶系统。苹果的研究团队表示他们在使用 LiDAR 技术发现骑车人和行人时能够获得"高度可信度的结果"，并且还能在仅依靠 LiDAR 技术的条件下在侦测 3D 物体的方式上胜过其他的方式。不过试验现在只限于计算机模拟，并没有进行路测。苹果科学家发表的相关论文描述了全新软件是如何改进 LiDAR 系统的功能以远距离识别行人和骑车人的。

2017 年 4 月，美国加州政府批准苹果公司开展无人驾驶汽车测试。据报道，苹果的测试车辆从 3 辆增加至了 27 辆。2017 年 12 月 23 日，苹果申请一项新专利，与自动驾驶汽车有关，称为"自主导航系统"。苹果在专利中表示，许多自主导航系统用静态信息导航，比如地图，用传感器实时判断信息，而信息中的元素每一天都在变化，正因如此，处理时汽车需要强大的计算力。苹果系统不一样，它不需要任何外置设备的任何数据就可以指挥车辆行驶，在导航之前也不需要将数据存储在汽车内。

第十二章　微　　软

微软作为全球最大的电脑软件供应商，在持续更新 PC 产品和技术的同时，近年来致力于转型发展，不仅加快开拓云计算服务等业务，还对业务构成进行了调整。2017 年，微软新一代 Surface 和 Xbox One 游戏机的销售情况普遍较好，云计算业务规模增长迅速。而同一年，微软取消了手机业务，也放弃了对音乐订阅服务的支持。

第一节　总体发展情况

据微软官方财报数据，微软 2017 财年营收为 900 亿美元，运营收入 223 亿美元，净利润 212 亿美元，每股盈利 2.71 美元。其中，Office 365 产品的订阅用户数量达到 2700 万，营收上涨 43%，使得 Office 商业产品和云服务的总营收增长了 5%，Windows OEM 和商业产品保持稳定增长，搜索广告和游戏业务的营收分别上涨了 10% 和 3%，但是 Surface 的营收下降了 2%。微软执行副总裁兼财政主管 Amy Hood 对此表示，"随着 2017 财年结束，我们交出了一份漂亮的答卷，商业订阅的收入相比之前增长了 30%，我们将会继续投资关键领域，并保证微软公司和客户们的长期成长。"

2017 年第四季度，微软受税改与就业法案相关的一次性费用 138 亿美元的影响，按照美国通用会计准则计量，净亏损 63.02 亿美元，但从营收额来看，微软第四季度营收 289.18 亿美元，比前一年同期的 258.26 亿美元增长了 12%。其中，产品营收 179.26 亿美元，前一年同期是 182.73 亿美元；服务和其他营收 109.92 亿美元，前一年同期是 75.53 亿美元。从业务部门来看，微软的生产和商业程序部门营收 90 亿美元，比前一年同期的 71.79 亿美元增长了 25%，Office 商用产品以及云服务的营收同比增长了 10%，Office 消费者产品以及云服务营收同比增长了 12%，其中，Office 365 订阅用户总数已经达到 2920 万，营收增长了 41%。Dynamics 产品以及云服务营收同比增长了 10%，这主要是得益于 Dynamics 365 的营收增长了 67%。

第二节　重点发展战略

一、推出个人 PC 机新产品

微软于 2017 年 5 月 23 日在上海市举办了新品发布会。当天会上，微软首发了全新的 Surface Pro，为了方便区分，这里称为 Surface Pro（2017），新的 Surface Pro 升级配置 Intel 第七代酷睿处理器，全新手写笔支持 4096 级压感，笔迹更加细腻。另外 Surface Pro（2017）还支持最大 165°角的无极支架模式，微软称之为 Studio 工作室模式。

微软为中国用户带来了 Surface Studio 和 Surface Laptop 国行版，Surface Studio 拥有 28 英寸 4.5K 屏幕，带给创作者无限的可能。Surface Laptop 是一台传统的 Win10 笔记本，最早在微软 5 月 2 日的 EDU 发布会公布，Surface Laptop 预装 Win10 S 系统，可升级到 Win10 专业版系统。Surface Laptop 笔记本更适合普通用户使用，可快速唤醒、续航持久。另外，HoloLens 国行版是世界上第一款独立的 MR 混合现实设备，能够将虚拟世界叠加到现实世界中。

二、扩大云计算业务规模

2017 年第四季度，微软云服务 Azure 份额相比 2016 年同期，从 16% 增长至 20%。据分析机构 KeyBanc 称，微软 2017 年总营收预计为 966 亿美元，其中 Azure 很可能贡献了 37 亿美元。这意味着 Azure 的营收几乎增长了一倍，与微软在近几个季度披露的 Azure 营收增速一致。KeyBanc 比较了亚马逊、微软 Azure、谷歌三大云服务提供商的人工智能工具，发现微软要比其他公有云厂商拥有更多的预建模型，可供全球更多数据中心使用。

亚马逊 AWS、谷歌云、阿里云和微软云在 2017 年第四季度的全球表现良好。其中，AWS 的收入为 51 亿美元，微软云的收入为 53 亿美元，谷歌云的收入为 10 亿美元，阿里云的收入为 5.33 亿美元，全球四大公有云提供商在未来的竞争将更加激烈。在 2017 年第四季度的表现上，微软云收入击败 AWS，但是据国外分析机构的预计，从 2017 年全年收入来看，AWS 依然位居全球市场份额首位，超过三成。微软云增长迅速，但占据的市场份额还未超过 15%，要实现对 AWS 真正的赶超，微软云还有很长的路要走。

三、加强与国内企业合作

2017 年，微软进一步加强与国内企业的合作以开拓中国市场。以小米为例，微软与小米公司签署战略合作备忘录，在云计算、人工智能、硬件产品领域进一步合作。小米将利用微软智能云 Azure 平台和服务，在国际市场上为小米用户提供数据存储、带宽、计算等服务。同时，微软也将帮助小米将笔记本产品推广向国际。微软小娜与小米智能音箱也将会有更多整合的机会。

微软与国内企业的合作将助力国内科技企业的业务推广。还是以小米为例，双方合作涉及计算机视觉、语音、自然语言处理、文本输入、对话式人工智能、知识库、搜索等微软人工智能技术，以及 Bing 搜索、Edge 浏览器、微软小娜、微软小冰、SwiftKey、微软翻译 Translator、Pix 相机、认知服务、Skype 等微软产品及服务。同时，小米凭借其所拥有的全球最大的 IoT 网络平台以及业内领先的人工智能产品优势，将更好地整合小米硬件、软件和互联网产品，为小米用户带来更完善的全新体验。

第十三章　脸　　谱

2017 年，脸书继续在全球社交网络市场占据主导地位，营业收入和用户规模实现双双增长，成为全球首个月活跃用户超过 20 亿的社交平台。发展战略方面，不断加强新技术应用，构建内容生态，加强虚拟现实和人工智能生态布局。在市场分析机构 NetBase 公布的《2017 全球最受欢迎品牌 100 强》榜单中，Facebook 成为最受全球用户青睐的互联网企业。在《2017 年 BrandZ 最具价值全球品牌 100 强》中，脸谱位列第 5，达到 1298 亿美元。

第一节　总体发展情况

一、企业收入快速增长

Facebook2017 年第四季度财报显示，四季度总营收达 129.72 亿美元，其广告业务收入达到 127.79 亿美元，占比达 98.5%；净利润为 42.68 亿美元，同比增速大幅放缓，同比增长 20%。从用户人均贡献收入看，2017 年第四季度人均贡献收入 6.18 美元，同比增长 28%，美国和加拿大地区成为人均贡献收入最多的地区，达到 26.76 美元，欧洲紧随其后，达到 8.86 美元。2017 财年发挥稳定，全年营收为 406.53 亿美元，比上年增长 47%；广告收入高达399.62 亿美元，占总营收的 98.3%，支付及其他服务费营收为 7.11 亿美元；净利润为 159.20 亿美元，同比增长 55.8%。

二、用户规模快速提升

2017 年，脸书用户规模实现跨越式增长。截至 2017 年上半年，Facebook

月度活跃用户人数达到 20 亿，远远超过了 Twitter 与 Snapchat 的用户总和，占全球网民数量的三分之二，成为首个用户突破 20 亿的互联网公司，平均每日活跃人数达到 12.8 亿。旗下 WhatsApp 和 Facebook Messenger 月活跃用户均达到 12 亿，Instagram 月活跃用户数超过超 7 亿。2017 年 4 季度，日活跃用户人数达到 14.01 亿，比上年同期增长 14.2%。亚太地区成为用户增长的主要来源，同比增长 26%。亚太地区也成为用户占比最多的地区，占日活跃用户总数的 36%。

第二节　重点发展战略

一、以新技术应用促进业务创新发展

2017 年，脸书不断加强人工智能、虚拟现实等技术应用，促进各类业务创新发展。3 月，脸书宣布将使用人工智能技术来监测 Facebook Live 和 Messenger 中的不良信息，帮助有自杀倾向者。用户可直接与该人联系并向 Facebook 报告视频，也可以联系国家饮食失调协会和美国自杀预防生命线等组织。利用 VR 技术，推出 Facebook 360 APP，用户能够在其他 Facebook 页面和用户中，筛选出 VR 内容进行展示的 APP。推出"市政厅"政务功能，帮助用户更好地和地方政府沟通联系。

二、加强构建内容生态

2017 年，脸书将内容生态构建与脸书社交领域的强大优势地位连接起来，持续建设音乐、体育、视频直播等领域内容，推动了业务范围不断扩展。入局音乐业务领域，与环球音乐的合作，用户可以在 Facebook 或 Instagram 网站上传以部分环球音乐内容为背景的自制视频文件夹。在视频社交领域，收购德国初创公司 Fayteq，利用该公司的技术将特效运用于视频直播、聊天中，以增强趣味性。与美图合作，将美图 AR 相机技术应用于视频聊天系统，提升用户体验。在视频直播领域，向全球所有用户开放 360°直播新功能，在 Messenger 平台推出 Instant Games，并增加了流媒体直播功能，推出 Watch 视频服务等。

三、加快虚拟现实战略布局

2017 年，脸书持续在 VR 领域发力，加强 VR 战略布局。投资合作方面，1 月，脸书宣布计划未来 10 年再向 VR 投入 30 亿美元，为数以亿计的用户带来 VR 应用。与印度 T – Hub 合作设立印度创新中心，与印度 Startup Village Collective 合作推出了创新学院计划，以扩张印度 Oculus VR 市场。与韩国科技创新部签订《信息与通信技术发展规划》合作协议，并与韩国创新中心和韩国资通科技发展中心开展合作，致力于挖掘能在全球范围内对接 VR 和 AR 业务的韩国数字内容企业，指导当地的虚拟现实和增强现实企业发展和全球扩张。社交方面，12 月，脸书宣布社交社交 VR 应用 Spaces 启动跨平台功能，并将正式支持 HTC Vive，Vive 用户可以创建属于自己的虚拟化身，浏览 Facebook 图片和 360°视频，玩游戏，直播，拨打 Messenger 视频电话，以及自拍等等。游戏方面，与游戏开发商 Supercell 合作，出 AR 版《部落冲突》，目的是通过智能手机增强现实体验来推广该款游戏。Resolution Games 专为 Oculus Rift 上的 Facebook Spaces 开发了 VR 游戏《Bait! Arctic Open》，以探索如何将游戏与 Spaces 环境融合。在教育方面，与阿肯色州政府合作，向约 250 所阿肯色州高中，特别是针对来自低收入家庭、教育合作项目和 STEM 教育中心的学生，捐赠了 VR 课件包，发展高中虚拟现实教育。

四、持续布局人工智能领域

2017 年，围绕人工智能，各个互联网企业开始跑马圈地，抢占发展制高点。脸书也不断加大投资强力布局。在法国，计划建设人工智能中心，提高巴黎研究基地的人工智能科学家规模。投资了本土人工智能领域，并计划在加拿大蒙特利尔市的第四个人工智能研究实验室。与微软联手建立开放式神经网络交流（ONNX）格式，允许 AI 开发者在脸书和微软的开源框架下自由切换。与英特尔合作开发 AI 芯片，脸书将为此提供技术输入。

第十四章　eBay

2017 年，eBay 电子商务快速发展，营收实现快速增长，活跃用户稳步上升，新兴市场开拓取得积极进展，电子商务平台功能日臻完善，供需两端用户体验进一步提升，跨境电商服务能力全面跃升。目前，eBay 在全球拥有超过 11 亿个 listing，产品类别包括服饰、电子产品、体育用品、玩具、家居用品、书籍、珠宝以及零配件等，买家用户广泛分布于全球 190 个国家，移动应用下载 3.1 亿次，移动端的成交占比达 55%。2017 年，商品交易总额达到 884 亿美元，营业收入达到 96 亿美元。国际邮政公司（IPC）最新发布的 2017 年跨境电商消费者调查显示，eBay 与亚马逊、阿里巴巴三家合计占全球跨境网购份额达到 56%。

第一节　总体发展情况

一、企业收入稳步增长

营业收入方面。2017 年，eBay 商品交易总额达到 884 亿美元，同比增长 6%；全年营收 96 亿美元，同比增长 7%。四季度，三大平台营收和净利润实现加速增长，总交易额实现持续增长。得益于美国和欧洲业务的良好表现，在线交易市场 Marketplace 平台总交易额达到 230 亿美元，同比增长 9%；营收 21 亿美元，同比增长 8%。受益于演唱会和体育赛事交易业务的良好表现，StubHub 四季度平台总交易额为 14 亿美元，同比增长 16%；营收达 3.07 亿美元，同比增长 10%。Classifieds 业务持续强劲表现，营收达 2.35 亿美元，同比增长 21%。用户方面，四季度 eBay 全球活跃买家总数达到 1.7 亿，各个平台活跃买家增加了 5%。

二、新兴市场开拓取得积极进展

2017 年，eBay 加快推进全球市场布局，加大新兴市场拓展力度。新兴市场是 eBay 加快发展的重要机会，英国、德国、澳大利亚、韩国、中国以及美国本土仍是 eBay 的主要市场，拉美等新兴市场开拓不足。中北美洲方面，2月，利通智能包裹联合墨西哥当地快递公司专为 eBay 卖家开通了墨西哥快捷专线服务，将进一步帮助卖家提高物流实效，开拓墨西哥市场。俄罗斯市场方面，为应对阿里巴巴和亚马逊的竞争，2016 年 eBay 俄罗斯站引入 eBayMag后，使其跨境电商出口额飙升了 50%，如今，eBay 俄罗斯站计划将此经验推广到全球 120 个国家和地区，以拓展新兴市场业务。在拉丁美洲，4月，eBay与南美最大的电商平台 MercadoLibre（以下简称 MELI）达成合作协议，目的是为中国的商品提供在拉美的销售渠道，目前智利和哥伦比亚的 MELI 平台已经开设了 eBay 官方店铺。在非洲市场，5月，eBay 联合非洲著名的电商和移动电商平台 MallforAfrica 推出了一个新的购物网站 ebayforafrica.com，目前尼日利亚和肯尼亚两国的消费者已经可以在此网站上购物。印度市场，eBay 已经在印度成立了一家名为 ES Online 的公司，eBay 印度站的软件开发业务将转移到该公司。印度经济特区审查委员会在 7 月 3 日举行会议，同意 eBay 申请的业务转移，eBay 印度站的软件开发业务，包括经济特区相关业务将在销售协议下转移到 ES Online。

第二节　重点发展战略

一、不断提升用户消费体验

平台服务方面，推出了一系列产品展示、搜索等功能，全面提升了供需两端用户体验。2017 年 1 月，eBay 在法国、意大利及西班牙站点推出汽车配件兼容性功能 Fitment Compatibility，不仅使买家可以快速搜索到适配自己的产品，也方便卖家更好地展示汽配产品，提高产品曝光率和成交率。5月，eBay Motors 汽车平台引进了新的轮胎安装服务，同时与美国 TrueCar 合作，在客户买新车时为其提供个性化的网上指导，创新用户的购物体验。7月，eBay 上线了"买家秀"功能，买家可在评论中添加图片，提升了用户购物体验，目前该功能已在美国、英国、德国、澳大利亚、加拿大、法国、意大利和西班牙等国站点上线。eBay 利用人工智能和机器学习技术推出了"图片搜索"和"社交媒体网页链接搜索"新功能，用户在移动设备上可以通过 Image Search 和 Find it On eBay 搜寻需要的产品。10月，eBay 在美国、英国、德国和澳大利亚推出了新的搜索功能 Grouped Listing，可以一键归类相似 listing，大大优化用户搜索体验。利用人工智能技术，推出了视觉搜索工具"Find It On eBay"和"Image Search"，采用人工智能驱动，用户更容易地找到正在寻找的内容，而无须考虑卖家如何描述它。

物流服务方面，推出了一系列物流解决方案，提升了用户物流体验。2017年1月，eBay 为避免由于美国国内航空安检升级、旺季航空公司舱位短缺以及境外邮政处理时效延长等因素造成的直邮美国包裹延误的现象，对单价高于5美元的直邮发货交易，在原先要求使用物流服务的基础上，特别开放卖家使用带有全程物流跟踪轨迹的 DHL 电子商务美国可追踪包裹服务。3月，eBay 宣布于2017年夏天在美国推出新的送货保障计划，将保证在三天或更短的时间内配送超过2000万个产品，用户可以查询准确的产品配送时间。9月，eBay 美国站点上线"限时送达"（Guaranteed Delivery）功能，提升物流服务能级，美国市场超过三分之二的商品实现3日内交付，中国用户也将享受此功能。

二、着力于提高零售行业竞争力

2017年，eBay 采取战略合作、推出新战略等方式，提高在零售行业的竞争力。战略合作和投资并购方面，eBay 以5亿美元投资印度电商企业 Flipkart，将印度的业务与 Flipkart 合并，Flipkart 是印度最大的电商企业，此次融资总额达14亿美元，腾讯、微软也参与了此次融资活动。7月，加拿大电商 Shopify 宣布与 eBay 合作，产品在两家网站可同步更新，卖家可以直接用

Shopify 账户在 eBay 销售产品，订单也可从 eBay 导入到 Shopify。12 月，eBay 收购加拿大数据分析平台 Terapeak，目的是为平台第三方卖家提供数据工具，提高竞争力。在新计划方面，6 月，eBay 利用人工智能和机器学习技术推出了全新品牌计划"焕彩购物车"，"焕彩购物车"计划不仅可为消费者量身定制购物清单和商品清单，也能帮助卖家将产品直接匹配给消费者，提高产品曝光率。推出了新项目"价格匹配保证"（Price Match Guarantee）项目，平台上大多数商品价格将与竞争对手看齐，提高与亚马逊、沃尔玛等零售巨头的竞争能力。9 月，在花旗 2017 全球技术大会上，eBay 表示计划推出品牌旗舰店，专门为品牌提供商店模式和展示商品。计划推出与亚马逊 FBA 物流服务竞争的新服务，为卖家提供代发货服务。11 月推出"Our Pick"功能，与亚马逊 Buy Box 类似，可以为用户提供更多信息内容，提升产品销量。

三、构建中国跨境电商生态圈

中国是 eBay 跨境电商布局的重要市场。2017 年 1 月，eBay 与宁波跨境电子商务综合试验区签订合作协议，在区域政府合作、跨境人才培养、B2C 产业发展、物流仓储支持等四个方面开展战略合作，加快推动宁波跨境电商产业的发展和转型升级。4 月，eBay 与福建省商务厅、福州市人民政府与共同签署战略合作协议，合作内容包括设立 eBay 跨境电商服务中心、与福建高校合作共建跨境电商联合学院、打造跨境电商孵化园、建立跨境电商产业扶持基金、建设 eBay 福建专区以及引入优质物流服务商与企业对接等，助推福建跨境电商产业创新发展。启动"中国品牌智造计划"和设立"品牌建设专项资金"，为中国卖家提供建立产品目录、创建专属产品页面、融入买家浏览体验、建立品牌展示专区等推广资源，支持中国跨境电商发展。8 月，在 eBay 全球开发者大会深圳站上，eBay 中国上线了新的 API 功能，可以实现让卖家有目的地进行产品研发和精准推送，促进跨境出口电商"自动化 + 智能化"。11 月，eBay 上线升级版的"eBay 海淘"移动端服务，中国用户可通过移动端连接到 eBay 的全球品质卖家和亿万精选优质货源，为中国"海淘"一族提供便捷、多元、安全的跨境购物体验。

第十五章　Salesforce

从 SaaS 市场切入的 Salesforce，现今将 PaaS、AI、大数据集于一身，目前其发展重点已不再是移动互联网时代下衍生出的 CRM，而欲打造一个能够满足所有营销销售需求的完整生态，并让其门槛变得更低更智能。

第一节　总体发展情况

2017 年第三财季，云计算业务和营销软件需求强劲拉动营收，Salesforce 净利润为 5140 万美元，而上年同期为亏损 3730 万美元，调整后利润为每股 39 美分，营收为 26.8 亿美元，高于上年同期的 21.4 亿美元，均好于预期。因云计算可降低成本并带来更好的扩展性，企业加速云迁移，云计算服务市场需求快速增长。2017 年第三财季，Salesforce 旗舰产品 Sales Cloud 的营收同比增长 16.8%，至 9.605 亿美元，净利润为 5140 万美元。

目前 Salesforce 旗下的 7 个主要产品方向，Service Cloud、Sales Cloud、Marketing Cloud、Community Cloud、Analytics Cloud、IoT Cloud 和 APP Cloud，分别为企业的客户服务、销售业务、市场营销、数据分析等各个领域提供帮助。

Salesforce 为其销售云（Sales Cloud services）企业用户开发了 3 项全新功能。在这些新功能中，Einstein Forecasting 会基于 Salesforce 中所存储的企业用户数据，通过机器学习帮助销售主管预测销售团队未来的表现。Einstein Email Insights 会用自然语言解析销售代表邮箱内的邮件内容，分析出重要性。

除了这些新功能，Salesforce 还会为人工智能领域公司投资一笔 5000 万美元的专项资金，Highspot、Squirro 和 TalkIQ 是第一批接受此笔融资的企业。Salesforce 在人工智能领域最大的优势在于其沉淀了多年的企业用户数据，未来 Salesforce 可能还会通过收购来进一步扩充其数据量。

第二节　重点发展战略

一、大幅投入研发和销售营销

面对甲骨文和微软的激烈竞争，Salesforce 正在提高研发和销售营销开支。根据相关数据，Salesforce 的递延性收入同比增长 26%，至 43.9 亿美元，超过分析师平均预计的 41.8 亿美元。对基于订购模式的软件业务来说，递延性收入是个关键指标。

二、通过结盟快速扩张，积累规模效应

2017 年，Salesforce 在技术上不断寻求新突破，不仅持续推出新产品与新服务，还通过结盟快速积累规模效应，以争取更大的市场份额。SaaS 巨头 Salesforce 与 IaaS 巨头 AWS、谷歌云强强联手，整合双方优势产品和服务，共同向全球市场扩张。2017 年 3 月，与 IBM 合作将人工智能整合到商业软件中，借助 IBM 的"沃森"和 Salesforce 2016 年推出的"爱因斯坦"，双方的合作可以提升销售、服务、营销和电子商务领域的客户互动。Salesforce 与 Google 结成合作伙伴关系，Salesforce 用户免费获得谷歌提供的 G Suite 商业办公软件一年服务许可，能在 Gmail 和 Google Sheets 等产品中访问 Salesforce 的信息，也能把 Salesforce 上的销售和营销类软件连接到 Google Analytics 360 上，Salesforce 将为 G Suite 增加众多高端用户。

三、针对特定行业推出新产品

公司发展迅速，不断推出服务特定行业的新产品。在获得客户方面获得了惊人的上升势头，目前购买 Salesforce 行业产品的客户中有 57% 购买的是 Salesforce 的全新产品。2017 年第三季度，Salesforce 推出了零售银行金融服务云，使银行能够为其客户提供高度个性化、智能化和互联的银行体验。Salesforce 宣布推出一系列针对移动工作人员的新型人工智能支持工具。即 Field

Service Lightning，一个让工作人员能够响应客户服务电话并与现场客户接触的平台，其改进主要涵盖了三个方面：图像识别、设备管理和分析。

四、聚焦开拓国际市场

Salesforce 曾专注于美国市场，为了进行拓展海外业务。2016 年，Salesforce 与 AWS 达成协议，这样可以借助于 AWS 的数据中心服务将业务发展到海外，从而不必在数据主权法律国家建立数据中心。Salesforce2017 年也在早些时候在日本建立了第二个数据中心，以应对亚太地区业务的增长。对于 Salesforce 来说，在开拓海外市场时，应用自己的数据中心要更有优势，因为这样不仅能够更好地进行多地区服务而无须依赖 AWS 或 Microsoft 等公司的资源，同时也避免了受到这些巨头公司的限制和掣肘。

五、人工智能作为持续增长的关键

2017 年，Salesforce 迎来了新的转折点，推出了最新产品 Salesforce AI——Einstein（爱因斯坦），全面向人工智能进军，传统的 CRM 已经装不下 Salesforce 的野心。Einstein 将会被嵌入到商业业务的范围内，自动挖掘相关商业信息，预测客户行为，推荐下一步最优行动，最终帮助客户提升销售能力。Salesforce 管理层重申人工智能（AI）是其计划加强在 CRM 领域的领导地位的关键。自从一年前发布其"爱因斯坦"AI 集成以来，AI 与客户的接受程度一直"很高"，其 AI 确实证明了云计算给客户一个伟大的有用工具。Salesforce 与"爱因斯坦"合作的人工智能完美地捕捉到了云的力量。客户不需要购买新的硬件，随着每一个版本升级，自动获得新的功能，通过云不断地重新构建系统来整合最新和最好的技术。

六、将构建生态系统作为关键增长动力

Salesforce 的生态系统由成千上万的合作伙伴组成，包括 400 万开发商、250 万个人和公司汇聚的社区，他们使用 Salesforce 来推动创新，改变自己的公司并发展事业，包括 400 多个本地、行业和特殊兴趣用户组，以及 200 多名 Salesforce MVP，众多产品专家和品牌倡导者。Salesforce 合作伙伴生态系统

与客户需求一样能够提供很多附加价值。比如 ISV 合作伙伴能够对 Salesforce 原生应用进行补充；全球系统集成商能够为 Salesforce 在全球范围内的项目落地提供帮助。Salesforce AppExchange 是世界上最大的企业级云计算市场，拥有 4000 多个已安装 500 多万次的解决方案，目前 87% 的 Salesforce 客户和 89% 的《财富》100 强使用 AppExchange 应用程序。此外，超过 30 万个职位要求直接询问 Salesforce 或 Salesforce 相关技能，Salesforce 或 Salesforce 相关职位的平均工资每年超过 8 万美元。

七、重点开拓大型企业用户市场

为在 2022 年达到 200 亿美元的营收目标，Salesforce 除了扩大国际市场份额，还将专注服务大型商业和企业公司。Salesforce 认为大企业通过对云软件的关注和使用，将有助于整体市场的扩大，并预计市场 80% 的增长将归因于商业企业和大型企业公司的支出增加。

八、降低开发者门槛

2017 年 Dreamforce 大会上，Salesforce 宣布对 Einstein 机器学习平台进行升级，增加的新功能名为 myEinstein，Einstein 平台的目标没有改变：要为那些希望采用人工智能（AI）的开发者降低门槛。随着人们越来越重视拖拽方法而不是手动编码，它将可以让更多 Salesforce 的用户跨整个生态系统打造定制的 AI 应用。Salesforce 正在通过让管理员和开发者利用 myEinstein 把每个流程和客户互动都变得更加智能，从而进一步普及人工智能。目前没有其他任何一家公司为客户提供了面向 CRM 的预构建 AI 应用，以及只用点击几下就能自己构建和定制的能力。

第十六章 阿里巴巴

第一节 总体发展情况

在我国经济增速放缓背景下，阿里巴巴的成交额和收入实现强劲双增长，增幅继续超越预期，展现了消费经济和由科技驱动的我国服务业的巨大韧性与潜力。

2017 年财年，阿里巴巴作为全球最大移动经济实体的增长势头持续强劲，成交额和收入双增长，增幅超预期，体现了由消费和科技驱动的我国服务业的巨大潜力。阿里零售平台全年商品交易额达 3.767 万亿元人民币，较 2016 财年增长 22%，已超越沃尔玛成为全球最大的零售集团。阿里云在全球云数据技术、营收、规模上都属于全球前三名，仅次于微软、亚马逊，2017 财年，营收规模达到 66.63 亿元人民币，同比增长 121%，连续两年实现三位数增长。此外，2017 财年，拥有 4.7 万名员工的阿里巴巴收入已突破千亿元，达到 1582.73 亿元人民币，以 300 万元/元成为人均产能最高的中国互联网公司。

第二节 重点发展战略

一、全面开拓云计算服务覆盖能力

2017 年，阿里巴巴成为亚洲首家达到百万级用户规模的云计算公司，中信集团、中国华能集团、人保金服、亚洲航空等海内外超大型企业已列入阿里云客户名单。目前其数据中心网络已布局逾 14 个国家及地区，服务消费品牌、能源、金融机构、健康医疗、制造业、媒体和零售等多个行业。

二、加码零售业全球化战略布局

2017 年，阿里巴巴在东南亚大举投资了零售业。4 月，阿里巴巴增持了 Lazada 的股份，持股比例从 51% 提升至 83%。8 月，阿里巴巴再次投资了印尼的电商应用 Tokopedia。受益于东南亚平台 Lazada 以及中国出口平台全球速卖通的优异表现，国际零售业务收入达 26.38 亿元，同比增长 136%。另外阿里巴巴正加快提升平台跨境服务能力。2017 年 6 月，阿里巴巴在美国底特律举办"中小企业论坛"，帮助美国和加拿大的中小企业主了解如何通过阿里巴巴平台建立品牌、实现跨国贸易。

三、围绕零售构建经济体

2017 财年，阿里巴巴的自由现金流达到 687.9 亿元，确保了阿里对未来新兴产业的投资布局能力。在实体零售方面，2017 年，阿里巴巴向银泰、高新零售、联华超市分别投资 26 亿美元、近 30 亿美元、1 亿美元，对银泰实现控股，获得高鑫三分之一股份。同年，阿里巴巴正式推出盒马鲜生，其门店可完成线上订单的仓配任务，为消费者提供 30 分钟送达服务。另外，阿里巴巴已开始布局"无人超市""无人口红贩卖机""汽车自动贩卖机"等新零售场景。在汽车电商方面，2017 年投资大搜车 3.35 亿美元。在旅游业方面，2017 年 8 月，阿里巴巴与万豪设立合营公司，为中国消费者提供全球游体验，打造更高端的会员平台。另外，阿里巴巴再次投资饿了么，第四次投资易果生鲜，投资两大共享单车应用 ofo 和摩拜，将对菜鸟网络的持股比例上升至 51%。

第十七章　腾　　讯

第一节　总体发展情况

2017 年是腾讯大丰收之年，不仅财务营收实现飞跃式增长，投资业绩也十分显赫。根据腾讯发布的最新财报，2017 年腾讯全年营收达 2377.6 亿元，增长率达到 56%。目前，腾讯已连续两年成为中国市值最高的互联网企业，总市值达 32237.62 亿元人民币，较 2016 年同期扩张 100.47%，在全球市值公司排名中超越 Facebook 位列第五，仅次于苹果、谷歌、微软和亚马逊。

2017 年，除了市值的大幅增长，腾讯另一个出色的业绩在于成功投资入股几家潜力公司，如众安在线、阅文集团、易鑫资本、搜狗等，且入股的公司市值表现出色。据不完全统计，腾讯通过投资获益 400 多亿元人民币。此外，2017 年腾讯投资活跃度大幅提升。根据 IT 桔子监测数据，2017 年腾讯投资事件数量约 125 起（每月投资约 10 起），远超阿里巴巴（45 起）和百度（39 起），投资活跃度甚至超过绝大部分一线投资机构，排到第一或第二。

第二节　重点发展战略

一、积极联姻"非阿里"布局新零售

2016 年 10 月，阿里提出"新零售"概念，并于 2017 年完成了汇聚银泰

商业、联华超市、苏宁云商、三江购物、新华都、高鑫零售等实体商业，以及盒马鲜生、淘咖啡、零售通等创新业态的新零售布局。迫于阿里压力，自2017年下半年，腾讯开始迅猛发力电商和新零售：先是于2017年9月，连续3次注资每日优鲜；随后于2017年底以42.15亿元入股永辉超市，加速布局新零售；后来，腾讯又以6.04亿美元买入唯品会7%的股份，旨在补齐京东在服饰美妆领域的短板，直接逼入天猫核心优势品类。不同于阿里的重股权投资，腾讯在新零售领域的布局主要依靠自身强大的流量资源、云技术、支付能力等优势，一方面以微信为切入点，积极盘活上亿流量资源；另一方面与京东、永辉形成战略合作，在电商平台、无人零售等领域为其提供资源支持，完善生态产业链。

二、继续推行多元化游戏组合战略

目前，腾讯的主要业务包括网络游戏、网络广告、数字内容、移动支付以及云服务，其中网络游戏是腾讯一直以来的主业，也是营收的主要贡献者。2017年，腾讯继续坚持多元化戏组合战略，力争为消费者提供多维度游戏体验。截至2017年9月，腾讯网络游戏收入达到735.2亿元，预计到2017年将突破1000亿元人民币。在PC端，受益于《英雄联盟》《地下城与勇士》等主要游戏，腾讯在第三季度实现收入146亿元，同比增长27%；在移动端，强势手游《王者荣耀》上线仅20个月就成为全球iOS手游收入榜第一名，日活跃用户达5000万人次。此外，移动端游戏种类还包括动作类游戏《魂斗罗：归来》、自研策略类游戏《乱世王者》以及角色扮演游戏《经典版天龙手游》《轩辕传奇手游》等多元化类别。

三、抢滩投资打造腾讯泛娱乐帝国

文化娱乐一直是腾讯的重点发展方向，2017年腾讯在文娱领域投资共计34次，投资范围涵盖动漫、短视频、网络媒体/自媒体、知识付费等多个领域。马化腾在2017年接受《财经》采访时曾表示，未来内容的价值、IP的价值会越来越高，流量是入口，内容才是制高点。从腾讯2017年在文娱领域的投资版图可以看出，注重内容是其重点方向。例如，在动漫领域，腾讯重点投资了"徒子文化",这是一家国内专注于漫画内容创作及相关衍生品开发与授权的公司;此外,腾讯还投资了原创漫画制作商"丛潇动漫"、原创漫画 IP 生产商"悟漫田"、漫画内容提供商"十字星"等多个以内容制作为主的动漫公司,旨在丰富腾讯动漫平台的内容。

四、打造开放 AI 平台,实现协同发展

根据腾讯 2017 年第三季度财报,人工智能被腾讯视为长期战略,不断加大投资以加强在机器学习、计算机视觉、语音识别及自然语言处理方面的能力。虽然相比阿里和百度,腾讯在人工智能技术领域布局一直较为低调,但在 2017 年全球合作伙伴大会上,腾讯提出"Make AI Everywhere"的倡议,以打造开放的 AI 平台为其发展战略。在技术层面,腾讯主攻机器学习、语音识别、计算机视觉和自然语言处理四个领域的基础研究,在国际顶级学术会议发表论文 20 余篇;在场景层面,腾讯在其社交、游戏、内容等核心应用场景中均已嵌入 AI 技术,例如头牌游戏《王者荣耀》已经开始借助 AI 提升用户体验;在平台层面,腾讯初步建立起 AI 开放生态,借助 AI 技术赋能合作伙伴,推动全行业协同发展人工智能技术。例如,腾讯觅影——首款 AI 医学影像产品,已与成功与中山大学附属肿瘤医院、广东省第二人民医院等达成合作,开始用于进行食道癌早期筛查。

第十八章　百　　度

第一节　总体发展情况

百度 2017 年度总营收为 848 亿元人民币（约合 130.3 亿美元），同比增长 20%。2017 年被称为 AI 元年，百度提出了"夯实移动基础，决胜 AI 时代"的新战略。这也是百度全新出发的一年，一个最为显著的表现是，百度正在用它的 AI 能力赋能它的核心业务，用户体验不断提升，新的商业价值喷发。

第二节　重点发展战略

一、提高搜索引擎水平，巩固核心业务实力

搜索业务是百度的核心业务，随着百度人工智能技术的不断进步，百度将人工智能技术应用于搜索业务，在 AI 技术驱动下，百度的搜索业务实现了稳健增长。根据百度 2017 年第四季度财报，第四季度营收比上年同期增长 29%。百度信息流日分发量比上一季度增长 20%，百度 APP 用户使用时长增长 30%，百度的用户黏性全面提升。由此可见，在互联网用户几近饱和的情况下，用 AI 创新体验强化用户关系，百度的技术 DNA 效应正在凸显。

二、践行"All in AI"战略，全面发力人工智能

从核心技术研发到产品布局及商业化，百度对人工智能的探索是多方位的，涵盖无人驾驶、机器人、智能家居等各个领域。百度的总体人工智能生态布局是基于百度大脑的，百度大脑是一整套的核心能力和核心算法，将语音识别、图像识别、视频识别、自然语言处理、大数据、用户画像等种种核心能力组装在一起，给同行业的创业者、创新者赋能。

自动驾驶方面。百度在自动驾驶方面以 Apollo（阿波罗）为核心打造人工智能生态。2017 年 4 月，百度发布"Apollo"（阿波罗）计划，向汽车行业及自动驾驶领域的合作伙伴提供一个开放、完整、安全的软件平台，帮助他们结合车辆和硬件系统，快速搭建一套属于自己的完整的自动驾驶系统。百度开放此项计划旨在建立一个以合作为中心的生态体系，发挥百度在人工智能领域的技术优势，促进自动驾驶技术的发展和普及。这也是全球范围内自动驾驶技术的第一次系统级开放。百度的自动驾驶平台——Apollo 励志打造"全球最开放、最完整、最强大的自动驾驶生态"。据悉，截至 2017 年底，A-pollo 平台合作伙伴规模超过 90 家，并已达成 50 多个合作计划。

智能生活方面。百度在智能生活领域围绕 DuerOS 开放平台进行"软硬结合 + 内容生态"布局。2017 年 7 月，百度发布对话式人工智能系统开放平台 DuerOS。其运用了最先进的自然语言处理技术，赋予机器听清、听懂人类语言的能力，为用户提供最自然的人机交互体验。截至 2017 年底，该平台合作伙伴超过 160 家，并快速落地家居、车载、移动等场景，覆盖手机、电视、OTT 机顶盒、投影、音箱、冰箱、儿童玩具、智能车机、智能后视镜等众多硬件品类。而 DuerOS 开发的对话技能也已经覆盖十大领域，并拥有 100 + 的原生技能和 100 + 的第三方技能。

第十九章　京　　东

第一节　总体发展情况

净利润创历史新高。据京东集团公布的最新财报，京东集团 2017 财年的全年净利润达到 50 亿元人民币，同比增长 140%，已实现连续七季度盈利；京东集团 2017 年交易总额达到近 1.3 万亿元人民币。与此同时，京东年度活跃用户数达 2.925 亿，较上年增长 29.1%。截至 2017 年底，京东物流运营了 486 个大型仓库，总面积约 1000 万平方米。

五大领域实现重点突破。2017 年，京东在渠道下沉、成本控制、平台业务拓展、品类管理和大数据营销管理等五大方面取得重要突破。

第一，渠道下沉方面，2017 年，京东在华北、华东、华南、华中、东北、西南、西北等全国七大区域物流中心成立了独立采销部门，使得业务流程低成本化，市场反应能力灵活化，大大加强了区域招商、运营、营销等能力，目前，京东已在全国运营 405 个大型仓库，总面积约 900 万平方米。第二，成本控制方面，2017 年，京东集团实现了家用电器、3C 产品、服装服饰、生鲜产品等主要事业部与京东超市的联动，以降低整体成本。第三，平台业务方面，京东 2017 年大力发展平台业务，针对第三方商家推出"卖家生态管理部"，给商家提供服务系统升级和培训。第四，品类管理方面，2017 年，京东对重点优势消费品类设立舰长品牌，针对战略新兴品类和相关用户群体，制定有针对性的营销、发行策略。第五，大数据营销管理方面，2017 年，京东通过大数据、机器学习等技术打造智能补货系统，建立了默认标准模型、安全库存模型、新品模型、季节品模型、长尾品模型等算法模型，在已使用智能补货的重点品类中，京东的库存周转天数已降低 20%，重点商品现货率提高 5%，效率大大提升。

第二节　重点发展战略

一、升级商业模式：提出"无界零售"战略，打造"零售新生态"

为跨越时空条件和线上线下的限制，打破生产商、品牌商、平台商之间的现存壁垒，京东集团于 2017 年正式提出并确立了"无界零售"战略，促进了数据的融合流动，推动了行业效率的全面提升，引领了零售新生态。2017年，京东在家电、超市、3C 产品、图书、生鲜等核心品类方面的销售成绩已居全渠道零售前列。

二、变革供应链体系：成立京东物流集团，搭建供应链基础设施

为推动零售行业供应链向智慧供应链价值网络变革，京东物流集团于 2017 年 4 月正式成立。5 月，京东物流集团与西安航天基地共同建立全球物流总部；10 月，京东建成全球首个全流程无人仓和全球首个顶配奢侈品仓；12 月，京东提出以短链（Short – chain）、智慧（Smartness）、共生（Symbiosis）"3S"为特征的新一代物流发展方向，开启"无界物流"序幕。2017 年"双十一"期间，京东物流开放业务订单实现了 200% 的大幅增长，预计未来五年开放业务的收入占比将过半。

三、推动金融创新：联合金融巨头，以科技赋能实体经济

2017 年，京东金融在优化产业链上下游成本效率，促进实体经济高质量发展上持续发力。作为银联战略合作伙伴，京东金融首批连接了银联二维码和 NFC 支付体系，实现与银行支付互联互通，用户在银联近 1000 万台"云闪付"POS 机上都可以使用京东闪付。京东金融还与工商银行、兴业银行等金融机构形成深度合作，推出"工银小白"数字银行、小金卡等创新产品，实现金融体系账户与金融机构账户打通。

四、布局全球业务：加速区域扩张，率领中国品牌抱团出海

2017 年，京东不断拓展海外版图，加快输出资源与能力。发起中国品牌抱团出海计划，通过商品流通体系覆盖全世界，形成中国制造的集体合力，助力中国品牌"走出去"。2017 年 9 月，京东集团、京东金融联手尚泰集团在泰国成立合资公司，提供电商服务和金融科技服。"双十一"期间，京东印尼站累计下单金额同比增长超过 560%，配送服务覆盖 6500 个区县，85% 的订单可以在 1 天内收到。同时，京东在美国设立多个实验室，吸引了大量海外人才。

五、树立品牌形象：战略投资 Farfetch 和唯品会，提升京东时尚号召力

2017 年，京东和全球知名精品购物平台 Farfetch 达成合作，创建精品网购平台 Toplife，以品牌官方旗舰店的模式连接国际国内奢侈品牌；12 月，京东宣布投资特卖电商唯品会，进一步扩大京东时尚业务的广度和深度。与此同时，京东在 2017 年不断拓展与世界顶级时尚大牌的合作，阿玛尼、真力时、萧邦、拉尔夫·劳伦、La Perla 等品牌相继入驻京东。

六、紧抓技术升级：全面应用无人技术和人工智能，从运营驱动转型为技术驱动

2017 年，京东坚决从运营驱动向技术驱动转型，在人工智能、云计算、大数据业务方面取得重点突破，京东无人仓、无人机、配送机器人完成了从研发到常态化运营，无人便利店、无人超市已完成落地测试。为拓展技术能力，京东与斯坦福人工智能实验室（SAIL）启动了京东—斯坦福联合 AI 研究计划，原微软亚太科技董事长申元庆与人工智能领域资深科学家周伯文、薄列峰等高端人才相继加入京东，京东硅谷研发中心已汇聚了数百名研发人员。

七、扩展流量合作："京 X 计划"已达八家，覆盖中国近 100%

互联网人口

2017 年，为打通数据壁垒、精准对接消费需求，京东先后和百度、奇虎 360、网易、搜狗、爱奇艺、搜狐等知名企业达成战略合作，签署一系列"京 X 计划"，加上此前达成合作的"京腾计划"和"京条计划"，目前"京 X 计划"已可触达近 100% 的中国互联网用户。

八、承担社会责任：扶持 832 个国家级贫困县，为共同富裕贡献

电商力量

2017 年 3 月，京东公益"物爱相连"物资捐赠平台上线，已募集物资超过 160 万件，影响人群超过 2 亿；11 月，京东集团董事局主席兼首席执行官刘强东受聘担任河北省平石头村名誉村主任，承诺五年实现村民收入翻十倍。2017 年全年，京东在中国 832 个国家级贫困县扩展合作商，实现销售额超 200 亿元，累计帮扶超过 10 万户建档立卡贫困家庭，为贫困地区创造如跑步鸡、游水鸭、飞翔鸽等一批扶贫品牌，在企业社会责任方面做出积极探索。

九、提升人才待遇：员工安居、教育福利再升级

2017 年，京东在人才激励方面加大投入，为员工提供了升级版的安居和教育保障福利。京东"安居计划"在支持全国员工工作地购房的同时，将北京总部购房范围扩大至天津、河北地区，最高提供 100 万元无息无抵押借款和 50 万元低息借款。京东"教育保障计划"在江苏宿迁、北京亦庄分别引入南京外国语学校仙林分校和人大附中、附小，并着手兴建总面积达 2600 平方米的京东幼儿园。

第二十章　新　浪

第一节　总体发展情况

新浪由门户网站（sina.com）、移动门户（sina.cn）、移动应用（APP）以及社交媒体新浪微博四个板块组成。总体而言，2017年新浪营业收入和运营利润均达到历史高点，新浪微博的发展势头强劲，平台效应凸显，杠杆效益加强，用户数和活跃度均持续显著提升。得益于新浪移动端流量的增长和移动端盈利能力的提升，新浪门户广告业务呈现恢复增长态势。

据新浪公布的2017年度财报，截至2017年12月31日，实现净营收15.8亿美元，较上年度增长54%。其中，广告营收为13.1亿美元，较上年度增长51%；非广告营收2.720亿美元，较上年度增长70%，运营利润3.886亿美元，较上年度增长430%。

新浪微博方面，2017年新浪微博实现净营收11.5亿美元，较上年度增长75%。其中，广告和营销营收9.967亿美元，较上年度增长75%；增值服务营收1.533亿美元，较上年度增长81%。新浪微博净利润达3.526亿美元，较上年度增长226%。用户流量方面，2017年12月的新浪月活跃用户数较上年同期净增长约7900万，达到3.92亿，平均日活跃用户数较上年同期净增约3300万，达到1.72亿。月活跃用户数中93%为移动端用户。

第二节 重点发展策略

一、以内容视频化为战略，助力微博月活跃用户连续增长

2017 年，新浪微博继续加强视频领域的布局，不断优化视频内容的品质和观看体验，一方面通过与版权方和媒体的深度合作增加专业短视频内容，另一方面通过上线微博故事、光影秀等产品鼓励普通用户创作、分享短视频内容。其中，微博故事于 2017 年 4 月上线，创作与发布门槛低，广受普通用户欢迎。截至 2017 年 9 月，微博故事月活跃用户近 4000 万，日均发布用户规模较上季度增幅超 200%。

截至 2017 年第三季度，新浪微博视频播放年增长达 175%，高清视频发布量占总量的 30%，视频化战略是推动 2017 年新浪微博月活跃用户连续增长的核心因素之一。

二、以"微博问答"为引领，抢占知识付费市场

"微博问答"于 2016 年底上线，2017 年以来微博成为知识付费领域的重要玩家。"微博问答"给予微博"大 V"撰文回答粉丝问题，并设置回答价格权限，除了直接提问的粉丝之外，所有微博用户都能付一元钱围观答案，在此基础上，答题者和提问者都可以分成围观收益。微博通过这样的方式鼓励有话题性、有价值的提问，以期避免"分答"和"值乎"出现的大量低质问题。此外，答题者的回答在三个月后免费公开，使得微博问答能够不断积累优质内容，实现对内容资源的再次利用。

2017 年 1—9 月，"微博问答"累计回答问题数量超过 270 万条。"微博问答"答题者主要集中在财经、娱乐、健康医疗、教育等领域；答题博主以精英男性为主，男性用户占比接近七成，23 岁以上人群超过 75%；答题者主要来自医生、摄影师等高端职业人群。

三、以泛二次元文化社区为核心，打通娱乐行业各垂直领域节点

随着二次元文化在国内的迅速发展，二次元用户已经成为微博的重要构成部分。作为以年轻人为主的社交平台，微博泛二次元用户规模的不断扩大，30 岁以下的年轻用户人群在八成以上，其中女性用户占比略高于男性。2017 年以来，微博在充当二次元用户的网络社交场所的同时，也成为二次元文化融入主流文化的重要途径。

截至 2017 年底，微博泛二次元用户已达到近 2 亿，月活跃用户人数为 1.12 亿，占到微博月活人数近三成。海量的泛二次元用户成为联动娱乐行业其他各垂直内容领域的重要核心节点。

第二十一章　网　　易

2017 年，网易继续推出新产品、新服务，并增进用户体验，各项业务均有增长。游戏方面，以"精品自研"手游继续扩大在游戏市场的领先优势。电商方面，跨境电商平台网易考拉海购与原创生活类电商平台网易严选业务增长强劲。此外，网易邮箱、网易云音乐、网易公开课等产品也成为网易吸引用户和资本的重要原因。2017 年，网易在《财富》100 家增长最快公司中排名第七，在《财富》近一年发展最快 10 家公司中排名第一，此外，网易还上榜福布斯全球 250 大最值得信赖企业。

第一节　总体发展情况

2017 年，网易业绩一直保持稳健发展态势，营收更加多元化。2017 年度，网易净收入达 541.02 亿元，同比增长 41.7%，电商业务作为后起之秀增长迅速，全年净收入 116.70 亿元人民币（17.94 亿美元），约占净收入总额的 22%，已成为网易营收的重要一极，邮箱业务基本处于稳定状态，游戏依旧是其最大现金流来源，根据网易第四季度财报，网络游戏业务净营收为 80.044 亿元，手游占比约为 68.0%。

可以预见，游戏市场的爆款孵化潜力、电商业务的迅速增长，以及消费升级带来的新人口红利，几个因素将进一步增强网易在互联网环境中的竞争壁垒，助力网易朝着"游戏＋电商"的多元化公司转型。

第二节 重点发展战略

一、践行"新消费"理念，电商业务增长强劲

在消费升级的大环境下，中国电商市场正向着"品质化"方向发展，坚持"匠心与创新"价值观的网易，正成为这一变化的重要力量之一。2017年，网易CEO丁磊基于对中国消费升级现象与新中产崛起的洞察，提出"新消费"概念，其将"以人为本"的消费观念视作网易下一次增长机会，开启电商"得消费者得天下"的新服务模式。网易考拉、网易严选是网易践行"新消费"战略的两个方面，网易考拉海购打造出国内电商与海外品牌合作新模式，网易严选开启了制造业企业与电商合作新模式，这两种电商模式正在影响着中国电商的发展方向，国内电商已逐渐形成阿里、京东和网易三极鼎立的新格局。

2017年，网易考拉海购通过持续升级海外供应链、国际间仓储物流，以及在品牌营销、市场推广等方面的努力，进一步扩大自身在跨境电商行业乃至整个品质电商市场的领先优势。一方面，网易考拉海购启动大规模海外布局，陆续在欧洲、大洋洲、日本等地开启招商会并升级供应链，与世界多家顶级品牌商、连锁零售企业和供货商建立了深度合作关系。另一方面，网易考拉海购先后在欧洲、美洲、大洋洲、东南亚、日韩以及中国香港和台湾地区建立了多个海外直邮仓和集货仓，并与多个国际领先物流集团密切合作。官方数据显示，2017年"618"期间，网易考拉海购的业绩涨幅达500%。另据艾媒咨询发布的《2017上半年中国跨境电商市场研究报告》，在跨境电商中，网易考拉海购超越天猫国际、唯品国际及京东全球购，以24.2%的市场份额居于首位，并且在正品信任度、市场满意度两项排名中获得第一，34.1%的新海淘用户表示网易考拉海购是其首选跨境购物平台。

2017年，网易严选为提升自身的差异化竞争力，持续加强各环节服务能力。网易严选逐渐深入从设计、生产、质检、物流、仓储到营销的全产业链

条，以支配供应链的方式来支持自身原创设计。2017 年上半年，网易严选进入品牌升级新阶段，大力布局仓储物流以适应不断增长的业务，在已有天津、杭州、东莞仓基础上，建立了成都仓与武汉仓。这表明，网易严选将很快实现多仓同步发货与全国协同调配。便捷和极速的物流体验将很快扩展到全国范围。此外，网易严选引发多家电商模仿，淘宝、蜜芽、小米等陆续推出相似电商项目，引发了中国零售"网易严选模式"现象。

二、做大做强传统业务，网易邮箱稳步发展

网易邮箱作为网易公司的核心战略产品之一，其发展实现稳步增长，截至 2017 年 6 月，网易邮箱注册用户数达 9.4 亿，比 2016 年 6 月增长 6000 万，增长率达 6.82%。2017 年，网易邮箱在商业化方面表现最为出色，网易邮箱客户端——网易邮箱大师在该年度推出 Mac 版，由此实现了对 Android、iOS、Windows、Mac 等几大主流平台的客户端全覆盖，此外，网易邮箱大师与多家手机厂商实现预装合作，其作为手机系统自带的邮箱 APP，在移动办公方面为用户带来高效便捷的服务。

2017 年，网易企业邮箱持续开拓服务新领域。主要体现在以下几个方面，一是其不断尝试从更多角度去扩展自身产品及业务，其产品在 2017 年实现了管理后台邮件审核、选择器性能优化、关联企业间共享通信录等多项创新突破。二是网易办公套件推出为企业提供一站式办公管理服务的新产品"易企办"，该产品为企业提供更加便捷的服务。三是网易校园邮箱实施"智能校园"行动，助力高校打造智能高效、安全便捷的智能化平台。其通过在全国各地开展"人工智能校园工程"研讨会，在校园招生、教学、生活、就业等多个应用场景职工引入人工智能技术。由于其在企业服务方面不断开拓新领域，并不断增强渠道经销商建设，网易企业服务一直保持着较高的市场占有率及美誉度，由此，网易企业邮箱用户量保持高速增长，截至 2017 年第二季度，企业客户数量超过 61 万家，老客户保持着近 90% 的高续费率。

三、凭借"精品自研"领跑游戏市场

2017 年前三季度，网易游戏收入超过 200 亿元，旗下拥有《梦幻西游》

《阴阳师》《倩女幽魂》《大话西游》《率土之滨》《天下》等多款市场热门产品，网易《终结者 2：审判日》的兄弟版本《Rules of Survival》在 2017 年 12 月登顶全球 42 个国家 App Store 游戏免费榜，并进入 90 国 App Store 游戏免费榜 Top 10。

目前，我国移动游戏市场用户红利渐失，竞争格局逐渐固化。网易游戏凭借自身研发能力，持续推出"爆款"游戏以驱动市场增长，网易游戏的爆款市场反应迅速且成功率高，爆款方面，其推出的《梦幻西游》手游创造收入达数百亿元，2017 年《阴阳师》国内市场也贡献了近 50 亿元收入。此外，在 2017 年热门的战术竞技类游戏上，网易连续推出《荒野行动》与《终结者 2：审判者》两款游戏，在大型研发商中居首，在推出数天之后，该两款游戏分别登顶 iOS 免费榜榜首，网易游戏研发实力持续得到印证。

网易于 2017 年在游戏产品发布会上公布七大游戏 IP 的品牌升级战略，围绕品牌生命力向泛娱乐进行升级。此外，由于国内游戏市场正陷入以存量竞争为主，网易游戏正加快其全球化布局，开辟新的增长空间，对外持续输出原创精品游戏，并取得一系列成效。2017 年 8 月，《阴阳师》登录韩国后，陆续取得 App Store 免费榜第一、畅销榜第三的成绩。

四、多元化发展战略助力网易持续发展

除了游戏、邮箱、网易考拉海购、网易严选增长强劲以外，网易云音乐、网易公开课、网易味央等业务也围绕消费升级，加快布局内容消费、在线教育、农业等领域。

网易云音乐紧抓"个性化产品体验"的用户痛点，同时凭借音乐社区的独特定位，保持网易云音乐的用户忠诚度和粉丝黏性。根据国内移动大数据监测平台 Trustdata 发布的《2017 年上半年中国移动互联网发展分析报告》，截至 2017 年 6 月，网易云音乐 MAU 同比增长 163.3%，为移动音乐应用中增长最快的 APP。

在线教育方面，网易公开课以平台模式、产品和内容创新助推全球知识共享与传播，网易公开课拥有 4 万多个线上教育视频资源，也已成为全球很优质的国际化在线学习平台之一。2017 年 4 月，网易紧抓知识经济风口，布

局网易蜗牛读书,其以"阅读时长"为付费维度,主打"每天免费读书一小时"功能。

尽管网易各事业体看似互不相干,但核心价值全围绕"品味"二字,并以优质的产品和服务获得大批用户和消费者,随着新中等收入群体红利的并喷期来临,此理念正成为网易估值的重要支撑。

五、规模化复制实现网易未央模式升级

2017 年,网易味央围绕用户猪肉消费场景,建立了"线上电商 + 线下商超 + 高端体验店"的立体化销售体系,该布局为网易味央积累了大量的优质、高黏性用户群,不难想象其未来的发展速度必将数倍于行业增速,迅速占领中国品质猪肉消费市场。

2017 年,为进一步满足用户日益提升的品质猪肉消费需求,网易将"网易味央模式"复制到江西,在高安建立了现代农业产业园,作为网易味央模式迈开复制的第一步,高安猪场在动物福利、环保处理、技术创新等方面做了持续升级,进一步推动了猪肉生产的信息化、工业化与可控化,加速网易味央模式在全国范围内的大规模复制推广。

第二十二章　奇　　虎

第一节　总体发展情况

奇虎360公司成立于2005年，2011年3月正式在纽交所上市，是国内领先的互联网和手机安全产品及服务供应商，旗下360安全卫士、360杀毒、360安全浏览器、360安全桌面、360手机卫士等系列产品在国内占据较大市场份额。近年来，该公司在技术、产品、服务创新以及市场拓展方面均保持着高速发展态势，尤其是公司将互联网安全看作诸如智能搜索、电子邮箱、即时通信的互联网基础服务，并倡导免费安全理念，颠覆了互联网安全的商业模式，重塑了互联网安全市场格局。2017年，奇虎借壳上市回归A股，实施营销升级战略，继续扩大在广告领域的优势，紧抓短视频风口，布局短视频内容生态，在人工智能"技术 + 落地"双线战略实施下，技术与应用领域均实现新的突破，技术上在ILSVRC - 2017上夺得冠军，应用上，持续推出扫地机器人等智能新品。

第二节　重点发展战略

一、借壳上市回归A股

2016年7月，360完成私有化，2017年11月借壳江南嘉捷回归A股。360承诺近3年扣非净利润合计不低于89亿元，即2017、2018和2019年度，扣非净利润分别不低于 22 亿元、29 亿元和 38 亿元。对于奇虎 360 借壳江南嘉捷回归 A 股事件，业界人士主要有几方面看法：一是 360 业务遭遇瓶颈，回归 A 股重整旗鼓。根据其 2016 年财报显示，广告收入同比增长 0.49%，几乎无增长，增值服务含游戏业务收入同比下滑 4.44%，作为 360 主要营收来源的两大业务表现平平，此外，随着移动互联网时代的到来，360 安全产品市场空间被压缩。二是出于产品性质的考虑。360 网络安全产品占据国家各部委 70% 以上份额，改变其国外上市公司的身份，有利于其成为国家网络安全的支柱支持。三是网络娱乐时代带来发展机遇。目前国内年轻网民在移动互联网消费娱乐领域占比较大，360 回归是出于掌握未来互联网入口的需要。

二、实施营销升级战略，扩大广告业务优势

互联网广告为奇虎 360 收入主要来源，2017 年，奇虎充分挖掘自身优势，利用新技术展开展智能营销策略，对互联网广告投放形式实施智能化升级，力求在智能营销时代中抢占营销先机。主要体现在三个方面：一是实施更精准的广告投放方式，开展投放模式、人群等多种智能定向；二是实施全场景覆盖策略，在持续的技术发展与升级中，奇虎 360 依托站内独家资源持续部署跨屏全系产品，打通连接 360 搜索、360 导航、360 手机助手、360 手机卫士等高质量资源，实现 PC 端和移动端的全覆盖；三是对内容本身进行智能化革新，360 推广实施的自动化与个性化创意使得广告内容更加差异化、多样化与精细化。

三、关注长线联运优质产品，推进 360 游戏可持续发展

360 把联运视为游戏的基石，为推进游戏可持续发展，2017 年，360 游戏更加关注长线联运优质产品。其在挑选产品时更加倾向于选择用户认可的产品，对于中度和重度游戏，其更加关注选择长线产品，而非短平快产品。在此理念的支持下，2017 年度 360 深度联运的《三国志 2017》取得了不错的成绩。

四、积极应对 360 摄像头安全事件，倡导发起"智能硬件产业安全联盟"

360 摄像头安全事件给其发展带来不利影响，引发社会对智能硬件安全问题的担忧。对此，360 与多家企业的协同合作，成立"智能硬件产业安全联盟"。此外，360 从硬件、固件、web 端、移动端、云平台等五大维度，包括储存、第三方组件、通信、协议、升级、API、系统、调试接口、加密、身份体系等在内的 10 个层级，公开了 360 硬件产品的安全标准规范，并计划向"智能硬件产业安全联盟"成员开放 360SMART OS，通过共享 360 安全能力，协助行业各环节提升硬件产品安全防护能力。

五、践行"All in 互联网内容"战略，布局短视频内容生态

此前，360 提出"All in 互联网内容"战略，2017 年，360 紧抓网络娱乐新风向，推出其快视频 APP，标志着其"All in 互联网内容"战略的落地。360 极其重视短视频可持续发展，将启动百亿资金打造超短视频生态。360 手机浏览器也是"All in 互联网内容"战略中的重要一环，360 手机浏览器把内容生态建设作为其发展核心，除满足用户搜索的基本需求，360 手机浏览器还持续扩大服务范围，将图文、短视频、直播等海量内容资讯纳入进来。360 利用人工智能、大数据等新技术实施智能化服务，通过对用户习惯的分析，实现对用户的个性化定制推荐，极大提升了用户的使用体验。

在"All in 互联网内容"战略的实施下，360 快视频与 360 手机浏览器取得不错的成效。在 Quest Mobile 发布的 2017 年 3 季度 Truth 黑马榜单中，360 快视频位列榜首，嵌入短视频模块的 360 手机浏览器，在经历一系列内容整合后，也在手机浏览器占据前三甲位置。产品设计基于用户需求，正是因为重视用户需求，360 才提出"All in 互联网内容"战略。发展至今，无论是内容生态先行者 360 手机浏览器，还是短视频生态先驱快视频，牢牢抓住用户喜好和需求的产品，都将走得更远。

六、技术开发＋垂直落地，人工智能"双线"布局

早前，360 发力人工智能，宣布全线硬件产品向人工智能看齐，在人工智能领域，360 持续推进"技术＋落地"的双线布局，技术方面，360 主要从图像识别技术、大数据技术两个方面向深度拓展。目前市场上人工智能企业主要分为平台型与垂直型两类，360 实施的是全景式布局，其布局涵盖了大数据平台、语义理解、智能驾驶、语音识别、图像识别等多个方面。一方面，360 受到百度、淘宝的人员团队及平台资源、技术支持，另一方面，产品智能化与落地速度也在加快。

人工智能技术开发方面，360 在 2017 年的 ILSVRC－2017 大赛中，力压谷歌、微软等科技巨头夺冠，360 提出的"DPN 双通道网络＋基本聚合"深度学习模型对业界产生较大影响，360 在人工智能领域内已具备一定的技术实力，尤其在图像识别方面实现了对国际科技巨头的赶超。

人工智能产品方面。360 在 2015 年布局智能家居领域，360 注重安全、开放、免费的原则，为用户提供智能家居生活解决方案，自 2015 年以来，360 持续推出智能新品，2017 年 12 月，其发布新品扫地机器人，为智能家居领域再添新成员，至此，360 智能家居产品已涵盖安全路由、空气净化器、儿童手表、智能摄像机、行车记录仪等多个品类。

政 策 篇

第二十三章 2017 年中国互联网重点政策解析

第一节 国家网络安全事件应急预案

2017 年 1 月 10 日，中央网信办印发了《国家网络安全事件应急预案》（以下简称《预案》）。《预案》包含了总则、组织机构与职责、监测与预警、应急处置、调查与评估、预防工作、保障措施、附则等八个部分。《预案》的出台对建立健全国家网络安全事件应急工作机制、提高应对网络安全事件能力具有重要意义。

《预案》明确了国家网络安全事件应急领导机构与职责。中央网信办统筹协调组织国家网络安全事件应对工作，建立健全跨部门联动处置机制；工业和信息化部、公安部、国家保密局等相关部门按照职责分工负责相关网络安全事件应对工作。

《预案》明确了网络安全事件预警等级分类。网络安全事件预警等级分为四级，由高到低依次用红色、橙色、黄色和蓝色表示，分别对应发生或可能发生特别重大、重大、较大和一般网络安全事件。

《预案》明确了网络安全事件应急响应分类。网络安全事件应急响应分为四级，分别对应特别重大、重大、较大和一般网络安全事件。

《预案》明确了网络安全事件分类。网络安全事件分类分为有害程序事件、网络攻击事件、信息破坏事件、信息内容安全事件、设备设施故障、灾害性事件和其他网络安全事件等。

第二节　电信业务经营许可管理办法

2017 年 7 月 3 日，工业和信息化部公布了新修订的《电信业务经营许可管理办法》（以下简称《办法》），《办法》自 2017 年 9 月 1 日起施行。《办法》包含了总则、经营许可证的申请、经营许可证的审批、经营许可证的使用、经营行为的规范、经营许可的监督检查、法律责任、附则等九个部分。《办法》的出台对加强电信业务经营许可管理具有重要意义。

《办法》对经营基础电信业务的公司股权和信用记录结构作出了规定。要求公司的国有股权或者股份不少于 51%，并且要求公司及其主要投资者和主要经营管理人员未被列入电信业务经营失信名单。

《办法》对基础电信业务和增值电信业务申请机构作了详细规定。要求申请办理基础电信业务经营许可证额和增值电信业务经营许可证的分别向工业和信息化部、电信管理机构提交申请材料。

《办法》明确了电信业务是许可经营业。要求电信业务经营者应当按照经营许可证所载明的电信业务种类，在规定的业务覆盖范围内，按照经营许可证的规定经营电信业务。

第三节　互联网跟帖评论服务管理规定

2017 年 8 月 25 日，国家互联网信息办公室发布了《互联网跟帖评论服务管理规定》（以下简称《规定》），《规定》自 2017 年 10 月 1 日起施行。《规定》的出台对规范互联网跟帖评论服务具有重要意义。

《规定》明确了跟帖管理执法分工。国家互联网信息办公室负责全国跟帖评论服务的监督管理执法工作，地方互联网信息办公室依据职责负责本行政区域的跟帖评论服务的监督管理执法工作。

《规定》明确了跟帖评论服务功能变化时需要安全评估。跟帖评论服务提供者提供互联网新闻信息服务相关的跟帖评论新产品、新应用、新功能时，应当报国家或者省、自治区、直辖市互联网信息办公室进行安全评估。

《规定》明确了跟帖评论服务实名制原则。跟帖评论服务提供者应该按照"后台实名、前台自愿"原则，对注册用户进行真实身份信息认证，不得向未认证真实身份信息的用户提供跟帖评论服务。

《规定》明确了跟帖评论服务提供者不能违法干预舆论。跟帖评论服务提供者及其从业人员不得为谋取不正当利益或基于错误价值取向，采取有选择地删除、推荐跟帖评论等方式干预舆论。

《规定》明确了跟帖评论服务需要用户分级管理原则。跟帖评论服务提供者应当建立用户分级管理制度，对用户的跟帖评论行为开展信用评估，对严重失信的用户应列入黑名单，停止对列入黑名单的用户提供服务，并禁止其通过重新注册等方式使用跟帖评论服务。

第四节　互联网论坛社区服务管理规定

2017年8月25日，国家互联网信息办公室发布了《互联网论坛社区服务管理规定》（以下简称《规定》），《规定》自2017年10月1日起施行。《规定》的出台对规范互联网论坛社区服务、促进互联网论坛社区行业健康有序发展具有重要意义。

《规定》明确了互联网论坛社区服务提供者应当落实主体责任。互联网论坛社区服务提供者需要建立健全信息审核、公共信息实时巡查、应急处置及个人信息保护等信息安全管理制度，具有安全可控的防范措施，配备与服务规模相适应的专业人员，为有关部门依法履行职责提供必要的技术支持。

《规定》明确了互联网论坛社区服务实名制原则。互联网论坛社区服务提供者应当按照"后台实名、前台自愿"的原则，要求用户通过真实身份信息认证后注册账号，并对版块发起者和管理者实施真实身份信息备案、定期核验等。

《规定》明确了互联网论坛社区服务提供者及其从业人员不得谋取不正当利益。互联网论坛社区服务提供者及其从业人员，不得通过发布、转载、删除信息或者干预呈现结果等手段，谋取不正当利益。

第五节 互联网群组信息服务管理规定

2017年8月25日，国家互联网信息办公室发布了《互联网群组信息服务管理规定》（以下简称《规定》），《规定》自2017年10月1日起施行。《规定》的出台对规范互联网群组信息服务具有重要意义。

《规定》明确了互联网群组和互联网群组信息服务使用者的界定。互联网群组是指互联网用户通过互联网站、移动互联网应用程序等建立的，用于群体在线交流信息的网络空间；互联网群组信息服务使用者，包括群组建立者、管理者和成员。

《规定》明确了互联网群组信息服务提供者责任要求。互联网群组信息服务提供者应当落实信息内容安全管理主体责任，配备与服务规模相适应的专业人员和技术能力，建立健全用户注册、信息审核、应急处置、安全防护等管理制度。

《规定》明确了互联网群组信息服务实名制原则。互联网群组信息服务提供者应当按照"后台实名、前台自愿"的原则，对互联网群组信息服务使用者进行真实身份信息认证，用户不提供真实身份信息的，不得为其提供信息发布服务。

《规定》明确了互联网群组信息服务分级分类管理原则。互联网群组信息服务提供者应当根据互联网群组的性质类别、成员规模、活跃程度等实行分级分类管理。

《规定》明确了互联网群组信息服务管理限制原则，互联网群组信息服务提供者应当根据自身服务规模和管理能力，合理设定群组成员人数和个人建立群数、参加群数上限。

《规定》明确了互联网群组信息服务黑名单制度。互联网群组信息服务提供者应当建立黑名单管理制度，将违法违约情节严重的群组及建立者、管理者和成员纳入黑名单，限制群组服务功能。

第六节　互联网新闻信息服务管理规定

2017 年 5 月 2 日，国家互联网信息办公室发布了《互联网新闻信息服务管理规定》（以下简称《规定》），《规定》自 2017 年 6 月 1 日起施行。《规定》的出台对加强互联网信息内容管理、促进互联网新闻信息服务健康有序发展具有重要意义。

《规定》明确了互联网新闻信息服务许可制度。要求通过互联网站、应用程序、论坛、博客、微博、公众账号、即时通信工具、网络直播等形式向社会公众提供互联网新闻信息服务，应当取得互联网新闻信息服务许可。

《规定》明确了申请互联网新闻信息采编发布服务许可的单位要求。申请许可应当是新闻单位（含其控股的单位）或新闻宣传部门主管的单位；任何组织不得设立中外合资经营、中外合作经营和外资经营的互联网新闻信息服务单位。

《规定》明确了互联网新闻信息服务提供者的采编业务和经营业务应当分开，非公有资本不得介入互联网新闻信息采编业务。

《规定》明确了互联网新闻信息服务相关从业人员资质要求，要求从事新闻采编活动，应当具备新闻采编人员职业资格，持有国家新闻出版广电总局统一颁发的新闻记者证。

第七节　互联网新闻信息服务单位内容
管理从业人员管理办法

2017 年 10 月 30 日，国家互联网信息办公室发布了《互联网新闻信息服务单位内容管理从业人员管理办法》（以下简称《办法》），《办法》自 2017 年 12 月 1 日起施行。《办法》的出台对加强对互联网新闻信息服务单位内容管理从业人员的管理、维护从业人员和社会公众的合法权益具有重要意义。

《办法》明确了互联网新闻信息服务单位内容管理从业人员要求。从业人员应当坚持马克思主义新闻观，坚持社会主义核心价值观，坚持以人民为中心的工作导向，树立群众观点，坚决抵制不良风气和低俗内容。

《办法》明确了从业人员从业禁区范围。不得利用互联网新闻信息采编发布、转载和审核等工作便利从事广告、发行、赞助、中介等经营活动，谋取不正当利益；不得利用网络舆论监督等工作便利进行敲诈勒索、打击报复等活动。

《办法》明确了从业人员培训要求。应当按要求参加国家和省、自治区、直辖市互联网信息办公室组织开展的教育培训，每三年不少于40个学时。

《办法》明确了国家互联网信息办公室建立从业人员统一的管理信息系统，对从业人员基本信息、从业培训经历和奖惩情况等进行记录，并及时更新、调整。

第八节 互联网新闻信息服务新技术
新应用安全评估管理规定

2017年10月30日，国家互联网信息办公室发布了《互联网新闻信息服务新技术新应用安全评估管理规定》（以下简称《规定》），《规定》自2017年12月1日起施行。《规定》的出台对规范开展互联网新闻信息服务新技术新应用安全评估工作具有重要意义。

《规定》明确了互联网新闻信息服务新技术新应用安全评估界定。互联网新闻信息服务新技术新应用安全评估界定是指根据新技术新应用的新闻舆论属性、社会动员能力及由此产生的信息内容安全风险确定评估等级，审查评价其信息安全管理制度和技术保障措施的活动。

《规定》要求当应用新技术、调整增设具有新闻舆论属性或社会动员能力的应用功能的，或当新技术、新应用功能在用户规模、功能属性、技术实现方式、基础资源配置等方面的改变导致新闻舆论属性或社会动员能力发生重大变化的，互联网新闻信息服务提供者应当自行组织开展新技术新应用安全评估。

第九节　互联网信息内容管理行政执法程序规定

2017 年 5 月 2 日，国家互联网信息办公室发布了《互联网信息内容管理行政执法程序规定》（以下简称《规定》），《规定》自 2017 年 6 月 1 日起施行。《规定》包含总则、管辖、立案、调查取证、听证和约谈、处罚决定和送达、执行与结案、附则等八个部分。《规定》的出台对规范和保障互联网信息内容管理部门依法履行职责具有重要意义。

《规定》明确了行政执法管辖权。行政处罚由违法行为发生地的互联网信息内容管理部门管辖，违法行为发生地包括实施违法行为的网站备案地，工商登记地，网站建立者、管理者、使用者所在地，网络接入地，计算机等终端设备所在地等。明确了对当事人的同一违法行为，两个以上互联网信息内容管理部门均有管辖权的，由先行立案的互联网信息内容管理部门管辖；必要时，可以移送主要违法行为发生地的互联网信息内容管理部门管辖。

《规定》明确了被处罚当事人具有听证的权利。要求互联网信息内容管理部门作出吊销互联网新闻信息服务许可证、较大数额罚款等行政处罚决定之前，应当告知当事人有要求举行听证的权利。

《规定》明确了互联网信息内容管理部门在立案前，可以采取询问、勘验、检查、鉴定、调取证据材料等措施，但不得限制初查对象的人身、财产权利。

第十节　互联网用户公众账号信息服务管理规定

2017 年 9 月 7 日，国家互联网信息办公室发布了《互联网用户公众账号信息服务管理规定》（以下简称《规定》），《规定》自 2017 年 10 月 8 日起施行。《规定》的出台对规范互联网用户公众账号信息服务、维护国家安全和公共利益具有重要意义。

《规定》明确了账号信息服务实名制原则。要求互联网用户公众账号信息服务提供者应当按照"后台实名、前台自愿"的原则，对使用者进行基于组织机构代码、身份证件号码、移动电话号码等真实身份信息认证。

《规定》明确了互联网用户公众账号实行分级分类管理原则。要求互联网用户公众账号信息服务提供者应当根据用户公众账号的注册主体、发布内容、账号订阅数、文章阅读量等建立数据库，对互联网用户公众账号实行分级分类管理。

《规定》明确了对公众账号的数量合理设定上限原则。要求互联网用户公众账号信息服务提供者应当对同一主体在同一平台注册公众账号的数量合理设定上限。

《规定》明确了安全评估和实时管理原则。要求互联网用户公众账号信息服务提供者开发上线公众账号留言、跟帖、评论等互动功能，应当按有关规定进行安全评估；互联网用户公众账号信息服务使用者应当对用户公众账号留言、跟帖、评论等互动环节进行实时管理。

第十一节　网络餐饮服务食品安全监督管理办法

2017年11月6日，国家食品药品监督管理总局发布了《网络餐饮服务食品安全监督管理办法》（以下简称《办法》），《办法》自2018年1月1日起施行。《办法》的出台对规范网络餐饮服务经营行为、保证餐饮食品安全、保障公众身体健康具有重要意义。

《办法》明确了入网餐饮服务是许可经营范围，要求入网餐饮服务提供者应当具有实体经营门店并依法取得食品经营许可证，并按照食品经营许可证载明的主体业态、经营项目从事经营活动，不得超范围经营。

《办法》要求网络餐饮服务第三方平台负信息审查核实义务。要求第三方平台提供者应当对入网餐饮服务提供者的食品经营许可证进行审查，登记入网餐饮服务提供者的名称、地址、法定代表人或者负责人及联系方式等信息，保证入网餐饮服务提供者食品经营许可证载明的经营场所等许可信息真实。

《办法》要求网络餐饮服务第三方平台负提供者应当建立并执行入网餐饮服务提供者审查登记、食品安全违法行为制止及报告、严重违法行为平台服务停止、食品安全事故处置等制度，并在网络平台上公开相关制度。

第十二节　互联网域名管理办法

2017 年 8 月 24 日，工业和信息化部发布了《互联网域名管理办法》（以下简称《办法》），《办法》自 2018 年 1 月 1 日起施行。《办法》包括总则、域名管理、域名服务、监督检查、罚则和附则六个部分。《办法》的出台对规范互联网域名服务、保护用户合法权益、保障互联网域名系统安全、可靠运行具有重要意义。

《办法》明确了中文域名是中国互联网域名体系的重要组成部分，国家鼓励和支持中文域名系统的技术研究和推广应用。

《办法》明确了管辖权。申请设立域名根服务器及域名根服务器运行机构、域名注册管理机构的，应当向工业和信息化部提交申请材料。申请设立域名注册服务机构的，应当向住所地省、自治区、直辖市通信管理局提交申请材料。

《办法》要求任何组织或者个人不得恶意将域名解析指向他人的 IP 地址。

第十三节　网络产品和服务安全审查办法（试行）

2017 年 5 月 2 日，工业和信息化部发布了《网络产品和服务安全审查办法（试行）》（以下简称《办法》），《办法》自 2017 年 6 月 1 日起施行，《办法》的出台对提高网络产品和服务安全可控水平、防范网络安全风险、维护国家安全等具有重要意义。

《办法》要求金融、电信、能源、交通等重点行业和领域主管部门，根据国家网络安全审查工作要求，组织开展本行业、本领域网络产品和服务安全审查工作。

《办法》要求公共通信和信息服务、能源、交通、水利、金融、公共服务、电子政务等重要行业和领域，以及其他关键信息基础设施的运营者采购网络产品和服务，可能影响国家安全的，应当通过网络安全审查。

第十四节　条码支付业务规范（试行）

2017 年 5 月 2 日，中国人民银行发布了《条码支付业务规范（试行）》（以下简称《规范》），《规范》自 2018 年 4 月 1 日起施行。《规范》的出台，对规范条码支付业务、保护消费者合法权益、维护市场公平竞争环境、促进移动支付业务健康可持续发展具有重要意义。

《规范》重申第三方支付机构必须持牌经营、切断与银行多头直连、遵守跨行清算系统规定、不得采用不正当竞争手段。

《规范》明确了支付机构不得基于条码技术从事或变相从事证券、保险、信贷、融资、理财、担保、信托、货币兑换、现金存取等业务。

《规范》明确了银行、支付机构开展条码支付业务，应将客户用于生成条码的银行账户或支付账户、身份证件号码、手机号码进行关联管理。

《规范》明确了银行、支付机构提供收款扫码服务的，应使用动态条码，设置条码有效期、使用次数等方式，防止条码被重复使用导致重复扣款，确保条码真实有效。

《规范》将二维码支付分为静态条码和动态条码，并采取了交易限额管理，要求发行二维码的银行、支付机构应根据风险防范能力等级，在确保风险可控和尽量满足用户需求的前提下，科学合理设置相匹配的日累计交易限额。

《规范》将二维码的风险防范能力从高到低分为 A、B、C、D 四级，风险防范等级越高，单日支付限额就越高。其中，静态条码由于易被篡改和携带木马或病毒，支付风险最高，风险防范等级最低，为 D 级，无论使用何种交易验证方式，同一客户单个银行账户或所有支付账户、快捷支付单日累计交易金额不超过 500 元。

第十五节　医疗器械网络销售监督管理办法

2017年12月20日，国家食品药品监督管理总局发布了《医疗器械网络销售监督管理办法》（以下简称《办法》），《办法》自2018年3月1日起施行。《办法》包括总则、医疗器械网络销售、医疗器械网络交易服务、监督检查、法律责任、附则等六部分。《办法》的出台对加强医疗器械网络销售和医疗器械网络交易服务监督管理、保障公众用械安全具有重要意义。

《办法》明确医疗器械网络销售监管遵循"线上线下一致"的原则，从事网络销售的医疗器械生产经营企业和上市许可持有人，其销售条件应当符合《医疗器械监督管理条例》和《办法》的要求；网络交易服务第三方平台提供者应当审核登记在其平台入驻企业的经营资质。

《办法》要求网络销售企业和网络交易服务第三方平台提供者分别向市局和省局备案，并进一步细化了网络销售企业和网络交易服务第三方平台提供者的义务，规定网络销售企业应当保证医疗器械质量安全；第三方平台提供者应当建立平台入驻企业核实登记、质量安全监测等管理制度，对违法经营者和违法产品立即停止网络交易服务并报告；网络销售企业和第三方平台提供者应当保障销售交易数据和资料真实、完整、可追溯。

《办法》还明确了医疗器械网络信息服务按照《互联网药品信息服务管理办法》执行，通过自建网站从事医疗器械网络销售的企业和医疗器械交易服务第三方平台提供者应当按照《互联网药品信息服务管理办法》的规定取得《互联网药品信息服务资格证书》。

《办法》明确了由总局组织建立国家医疗器械网络交易监测平台，开展全国医疗器械网络销售和网络交易监测与处置工作。

热 点 篇

第二十四章　无人商店开启信息技术发展应用新空间

第一节　背　　景

2017 年以来，多类无人商店在国内陆续开业，并伴随"新零售""无人经济"等概念，成为中国互联网领域的新热点。2017 年 6 月，首个无人便利店缤果盒子在上海落地；7 月，阿里巴巴投资的无人零售店"淘咖啡"开设体验店；8 月，传统电器和家居零售企业苏宁、居然之家无人体验店开业。阿里巴巴、创新工场、洪泰基金等知名投资机构纷纷投资无人商店项目，继共享单车之后，无人商店正在成为国内科技创投的新风口。

2017 年国内涌现的无人商店可分为三种主要类型。一是娃哈哈、阿里巴巴、深兰科技合作的 Take Go 无人超市，将面向消费者的环节全部通过智能技术手段实现自动化处理，最终超越传统商店的消费服务体验。二是以阿里巴巴"淘咖啡"为代表的无人零售店，将面向消费者的取货、交易结算等部分环节通过信息技术手段进行自动化处理。三是以便利蜂、缤果盒子等为代表的智能便利店/售货机，将取货工作交由智能机器进行自动化处理，消费者需在机器辅助下自助完成原本由店员进行的商品扫码、结账收银等工作。

此后，2017 年 11 月 3 日，中国连锁经营协会首次对外发布社团标准《无人值守商店运营指引》，就运营管理模式、商品安全、食品安全、售后服务等作出规范和指导。《指引》对无人值守商店进行了定义，即在不存在人工干预的情况下，采用物联网、人工智能、大数据等技术手段，全自动完成商品销售过程，或根据店内条件自动提供有偿或无偿服务的零售商店，可采用直接经营、特许加盟、委托经营或其他方式开展经营活动。此外，《指引》还增加了无人值守商店存案的内容，鼓励在中国境内运营无人值守商店，并要求符合无人值守商店基本运营条件的企业提交存案资料，将有助于推动无人商店市场发展和技术应用的规范化。

第二节 主要内容

无人商店促进着新一代智能技术的实践应用和发展探索。无人商店的发展为信息技术创造出新的需求场景，特别是有助于加速各种新兴信息技术的应用，这不仅将促进无人商店自身的改良，更能为新兴信息技术的研发和优化提供及时、丰富的反馈，从而实现研发水平的不断演进和应用范围的持续拓展。目前，REID/NFC货品追踪、机器视觉、货架传感器、信标、室内定位、数字标牌、电子价签、智能购物车、智能按钮、数据分析、VR/AR、无人机、智能机器人、物联网支付、生物识别、智能照明和安防等技术已经逐步应用于各类无人商店的库存管理、数据处理、智能运输、智能显示、智能识别、智能感知、智能交互、智能定位等环节（见表24-1）。

表24-1 无人商店应用的新兴信息技术梳理

应用场景	新兴信息技术	主要作用
库存管理	RFID/NFC	库存追踪，提升库存管理准确性，节约成本和减少损耗。
	智能按钮	通过无线网络设备，自动为消费者下单，补充缺货产品。
智能运输	无人机	为消费者和工作人员运送货物，节省供需双方寻找商品的时间。
智能显示	数字标牌	"第五媒体"，在特定物理场所、时间对特定人群进行广告传播。
	电子价签	与商场数据库相连，随时更新商品信息，方便商店调整商品价格。
智能识别	机器视觉	通过智能终端识别物体，实现商品结算高度自动化。
	生物识别	在顾客无感知的自然体态下，根据身体特征完成身份核实。
智能感知	货架传感器	通过超市货架上的传感器感知拾取、购买或放回等产品移动。
	信标	通过蓝牙与智能手机交互，实现用户需求与物品位置的精准匹配。
	物联网支付	扫码进入店内选货，选购后通过"支付门"，数秒内自动扣款。
	智能安防	利用智能传感设备，提供灯光、门禁、温湿度联动调节。
智能交互	智能机器人	包括理货、导购、对话、物流机器人等。
智能定位	室内定位	跟踪店内顾客足迹，洞察消费者购物习惯，提供个性化购物体验。

资料来源：赛迪智库整理。

　　无人商店深化了大众对新兴信息技术认知水平。现阶段发展无人商店的目的并非是完全取代人工服务和线下实体商店，更重要的是通过无人商店在百姓生活中的普及和推广，提升新兴信息技术在更广泛人群中的认知度和接受度，使信息技术与百姓日常生活充分融合，开启民智，为新兴信息技术在更广泛领域和行业中的应用开拓新思路、打造新空间。

　　无人商店推动着新零售产业生态的形成。无人商店以人工智能硬件＋IoT为技术核心，完成了零售行业云＋端的重构，整合了零售业供应链上下游价值链条，改变了产品抵达消费者的效率和方式，形成了生产、流通、消费融合发展与协同创新格局。未来，以消费者为核心、以信息技术为实现方式的无人商店，将实现对零售行业的生态重构，通过线下服务智能化、体验化，线上渠道个性化、移动化的零售模式，打造线上线下融合的互动体验型消费格局，与"iPhone＋APP"开启移动互联网时代类似，信息技术在无人商店的应用将开启"新零售生态"变革。

第三节　主要影响或启示

　　应关注和打造信息技术的"应用场景"。应用场景的选择对新兴技术的发展至关重要，以可穿戴设备为反例，虽然自2013年起可穿戴设备一直被认为是信息技术产品发展的大方向，但却始终未能找到合适场景成为"爆款"产品。对于现阶段无人商店是否具有发展前景，各方看法不一，一时难以判断其中对错。但如果忽略"商店"属性和"售货"功能，从新技术新业态发展的角度观察，就会发现，无人商店的发展和实践能够为新兴信息技术营造应用场景、提供实践平台、开拓普及渠道，进而激发技术应用的新思维新空间，推动信息技术的加速发展和新零售生态的逐步形成。应密切观察市场动向，适时出台推荐参考性的技术创新框架和技术应用典型案例，鼓励和引导企业通过市场化运作实现对技术的动态优化迭代，及时发现和改良技术短板，切实提升信息技术在无人新业态中的应用水平。

　　应抓住信息技术产业化应用风口推动产业生态优化升级。从个人电脑、智能手机，到智能制造、"互联网＋"，纵观几十年来信息技术的发展历程，可以发现，几乎每次成功的产业转型都准确抓住了信息技术产业化应用的风口。当前，在我国消费升级的经济背景下，无人商店作为信息技术产业化应用的新风口，已成为传统零售产业优化升级的重要机遇，信息技术在零售业的应用将实现产业链的价值重构，形成以消费者为核心的资源要素分配，进而形成新的零售生态模式。未来，随着信息技术产业化应用的普及和深入，零售行业将形成产业链上下游整合协同、电商企业与实体零售跨界共生的产业新生态，各种类型的技术创新、服务创新和模式创新将接连涌现。

应及时完善对无人新业态的管理和监督。无人业态的本质是通过信息技术应用创新，推动零售业形成以消费者为核心、线上线下融合的资源要素分配模式，加速产业上下游整合协同，促进零售产业价值链重构，形成对传统商业模式的补充和改良，建立电商企业与实体零售跨界共生的产业新生态，应对各类型无人商店的技术应用和商业模式创新保持宽容型管理，释放市场活力。与此同时，市场研究指出，未来几年内中国无人商店将会迎来发展红利期，至2020年预计增长率可达281.3%，用户规模可达2.45亿，无人商店的信息技术应用广泛涉及用户指纹、声音、面部特征、财务信息等关键个人身份信息认证，购物过程中用户个人信息的安全问题将备受关注。应及时完善穿透式监管体系建设，加大对用户个人隐私数据的保护力度，及时建立行业层面的监督标准和惩处法规，切实维护用户的数据权益。

第二十五章　主要虚拟货币平台交易被叫停

第一节　背　　景

2017 年，应用区块链技术进行底层交易的虚拟货币风头正劲，成为互联网领域的资本追逐焦点。虚拟货币公开发行被称为 ICO（Initial Coin Offering），ICO 可以帮助不能发售股票的小公司绕开 IPO 和监管机构，自行发行虚拟货币，进行高风险融资活动。

比特币、币安币等虚拟货币可实现匿名、免手续费、免税和跨境交易等功能。交易过程中，用户可先建立账户，汇款后买入虚拟货币，之后将买入的虚拟货币从国内的交易中心转到虚拟币钱包，再通过跨境交易转移至国外交易市场，最后卖出虚拟货币兑换成美元并取出，随即完成资产境内外转移过程。尽管虚拟币平台有撮合交易的功能，但虚拟货币体系游离在监管体系外，监管难度大，极易成为黑市交易和资产非法转移的平台，为不法分子进行金融诈骗、洗钱、走私、非法集资等犯罪活动提供了可乘之机。2017 年以来，就发生了文创币涉嫌传销而被清查、火币网因涉嫌市场操纵而被投资者起诉至法院等刑事案件。

第二节　主要内容

2017 年 9 月 4 日，中国人民银行、中央网信办、工信部等七部委联合发布《关于防范代币发行融资风险的公告》，明确要求"各类代币发行融资活动应当立即停止，已完成代币发行融资的组织和个人应当做出清退等安排"。9

月 14 日，比特币中国发布公告称停止比特币中国数字资产交易平台新用户注册，并于 9 月 30 日停止数字资产交易平台的所有交易业务。9 月 15 日，火币网和 OKCoin 币行同时发布公告称于 9 月 30 日前通知所有用户即将停止交易，并于 10 月 31 日前依次逐步停止了所有数字资产兑人民币的交易业务。此后，微比特、云币网等虚拟货币交易所也纷纷发布关闭交易平台的公告。监管部门重拳出击虚拟币交易业务，旨在维护人民币的主权地位，保障金融体系正常运行，严控金融风险，遏制黑市交易和市场操控行为。上述多家平台在中国的虚拟货币交易业务被关停后已经转战海外，平台负责人则留京接受调查。

此后，2018 年 3 月 7 日，国内最大、全球第二大虚拟货币交易平台币安，被黑客攻击导致系统故障，多名投资者的山寨币以市价被卖出换成比特币，主要涉及超过 20 个币种。由于大量代币被市价抛售，绝大部分币种开始下跌，市场中不明真相的散户也加入了恐慌性抛售，大部分币种均在下跌，仅剩维尔币（VIA）等十余币种处于正常上涨状态。随后，黑客操纵盗用账号使用一万个比特币高价买入维尔币，导致维尔币价格在一小时内被拉爆，日涨幅超过 11000%，最高点价格至 0.025 美元。虽然随后币安暂停提币，试图阻止黑客卖币提现，但作为全球第二大比特币交易所，币安的币值异常波动已迅速波及虚拟货币的整体市场价格，不少交易所随即进行了做空交易，导致币值整体下跌，黑客通过做空离场获取了巨额利益。受此事件影响，比特币大跌 10%。以全球总计 1700 万个比特币计算，损失 170 亿美元。

第三节　主要影响或启示

区块链技术作为虚拟货币交易的底层技术在安全性方面仍存漏洞。区块链技术的去中心化结构曾被认为具有很强的安全性和稳定性，但近年来频频出现的数字货币安全问题使得上述理论受到质疑。交易所和钱包的安全性是确保数字货币安全的核心因素，但事实上，密码学带来的理论安全性无法保证二者的绝对安全，黑客即使不能直接攻击数字货币和区块链的中心节点篡改数据，仍可通过寻找智能合约的漏洞、盗取钱包私钥、攻击交易所 API 等方式取得自动交易权限。同时，基于对交易平台安全防控系统的预判，黑客此次并未选择直接攻击提现，而是利用大交易所币价涨跌对其他交易所的影响，在其他交易所进行做空，从而完成了收割。因此，此次事件中黑客的"去中心化"的收割方式也值得监管部门予以特别重视。

我国对虚拟货币交易的政策举措体现了防控金融风险的全局观。中央一再强调防控金融风险，因为金融风险是事关全局的问题。2017年以来，虚拟货币平台交易信用问题频出，虚拟货币交易规模急剧扩大、波动剧烈，很有可能引起全局性的金融风险。我国目前只开放了经常项目下的货币自由兑换，若任由虚拟货币野蛮生长，等同于强迫国家全面开放货币自由兑换。发行货币是国家主权，是宏观调控的一个重要工具，而虚拟货币的发行、流通从某种程度上是对国家主权的篡夺。因此，我国果断出手叫停虚拟货币交易，是防范金融风险、维护国家金融安全的重大举措。

监管的目的是为了切断虚拟货币在国内的流通渠道，维持金融系统的整体稳定。可以预见，今后国内虚拟货币交易市场会逐渐萎缩，但并不会影响海外市场的交易，接下来国内的虚拟货币交易市场可能会转向地下交易或海外交易。另外，虚拟货币交易平台的取缔，并不是对区链技术的否定。事实上，上述举措将有助于规范虚拟货币的市场环境，探索区块链技术的更广泛应用，有利于营造良好的金融秩序。

与此同时，由上述事件得出三点启示。

一是应加速金融创新步伐，促进金融技术发展。虚拟货币在中国如此受到投机者的欢迎，也说明了中国投资品市场较为单一，缺少多层次、多品类的金融产品和活动。在当今数字技术、互联网技术的推动下，加快数字货币尤其是法定数字货币的研发和应用刻不容缓，鼓励互联网经济、区块链技术的发展，在新型经济体中寻找新动能也成了全球的共识。在这种情况下，鼓励金融创新、推进金融技术发展，就成为各方共同努力的目标，如果金融行业能主动把握这一契机，将制度、法理和监管能力上的优势转化成促进创新的催化剂，则可实现跳跃式的发展，并能有效保障实体经济快速发展和风险防控。

二是应完善虚拟货币监管政策，构建新型监管体系。从目前市场情况来看，虚拟货币没有确定的价值参照，与虚拟货币相关的金融活动往往不易被监管，极易引发违法犯罪和金融风险。我国应尽快完善金融监管政策，构建针对新型金融科技尤其是虚拟货币的监管体系架构，使金融创新和监管形成良性互动，促进"互联网＋金融"创新更好地服务于实体经济。此外，监管部门应将虚拟货币业务的监控重点放在打击黑市交易和市场操控行为，防止洗钱、走私、非法集资等犯罪活动的发生，以及非理性金融炒作行为，收紧金融风险敞口，促进新型金融领域良好秩序的形成，维护投资者的合法利益，确保新型金融体系健康发展。

三是应加强国际交流，防范跨境金融风险。虚拟货币是全球产物，虽然国内关闭了虚拟货币的交易平台，虚拟货币可能转向地下市场或场外交易。在全球范围内，各国对于虚拟货币的交易平台都加强了监管，如日本设立了专门负责监管虚拟货币交易的跨部门团队，修订了资金结算法，正式将比特币列为一种支付方式。我国应加强国际合作，共同建立符合国际金融秩序的虚拟货币体系，通过法律规范、政策引导、监督管理等方式方法促进虚拟货币市场的正常运转，令黑市交易和市场操控行为在全球范围内得到有效遏制。

第二十六章　我国加快立法保障智能网联汽车和无人驾驶产业发展

第一节　背　景

世界及我国自动驾驶汽车蓬勃发展。随着新一轮科技革命和产业变革蓬勃兴起，智能汽车已成为当前全球汽车与交通出行领域的主要方向，近年来发展迅速。贝恩咨询公司（Bain & Company）称，2025 年无人驾驶汽车的市场规模有望达到 260 亿美元。随着自动驾驶技术不断趋于成熟，其商用化正不断临近，领先科技企业加快开发、测试步伐。过去几年，Waymo 已经在美国 23 个城市进行了无人驾驶汽车测试。我国互联网企业百度也正在推进其自动驾驶技术的发展，并实施了道路测试。

发展无人驾驶汽车将成为我国抢抓人工智能战略机遇期的重要部署。当前，抢抓人工智能技术发展的历史性机遇，实施国家"人工智能＋"行动计划，加快推进人工智能和经济社会各领域深度融合发展，已经成为世界主要国家抢占未来发展制高点的重要战略部署。人工智能技术的广泛应用需要关键技术的群体性突破，无人驾驶汽车是人工智能技术密集型应用领域，是当前人工智能技术应用研究最为活跃的领域。发展无人驾驶汽车，不仅有利于大大推进机器视觉、图像识别等多项人工智能关键共性技术的群体性突破，更加有利于利用产业规模化应用来推动技术的快速迭代创新和可持续性发展，发展无人驾驶汽车将成我国抢抓人工智能战略机遇期的重要部署。

发达国家正积极布局自动驾驶并陆续进行法规修订推动其发展。美国是最早在政策和立法上对自动驾驶持开放态度的国家，迄今，已有 20 多个州通过了自动驾驶的相关立法。2017 年，美国批准了《自动驾驶法案》，鼓励自动驾驶汽车的测试和研发。2017 年 6 月，德国修订了现有道路交通法，并出台全球第一部自动驾驶道德准则。日本正在着手制（修）订道路交通安全的相关法律法规，旨在减少其对自动驾驶技术发展的限制。英国交通部发布了《无人驾驶汽车测试运行规则》《网联自动化车辆网络安全关键原则》，并于2017 年开始在高速公路上测试。法国成立跨部门联合小组，并着手对现行法律、安全标准等进行修订，以推动自动驾驶汽车测试。相比于美国、德国等国家，我国在自动驾驶汽车方面的立法进展缓慢。

第二节　主要内容

智能网联汽车产业发展已经上升为国家战略。2017 年，国务院及相关部委连续下发《新一代人工智能发展规划》《汽车产业中长期发展规划》《智能汽车创新发展战略（征求意见稿）》等文件，并正在拟定《中国智能网联汽车产业发展总体推进方案》《智能网联汽车使用公共道路测试的规范》《智能网联汽车公共道路适应性验证管理规范（试行）》《国家车联网产业标准体系建设指南（智能网联汽车）（2017 年）》等文件，人工智能及智能网联汽车产业发展已经上升为国家战略，也成为引发全球关注以及大国竞争的焦点。

第三节　主要影响或启示

1. 立法为整个产业的快速发展提供法律保障。自动驾驶技术正处于产业化探索的初期，政策与技术进步是否匹配，一定程度上决定了产业的创新速度和竞争力。我国智能网联汽车各项立法从国家层面为自动驾驶汽车产业化奠定了法律基础，使自动驾驶汽车突破现行法律法规的束缚，走向健康良性发展。

2. 立法可减少自动驾驶路测风险。自动驾驶技术的研发与应用，对未来道路交通中的乘员安全带来了新的挑战。各种路测法规的出台，对自动驾驶汽车运营的资质要求及技术标准规定了准入门槛，并对赔偿责任作出详细规定，在一定程度上减少了自动驾驶的路测风险。

3. 自动驾驶立法是我国抢占产业发展制高点的重要举措。自动驾驶因其在有效降低驾驶员工作强度、减少交通事故、缓解交通拥堵、降低驾驶者门槛等方面存在巨大优势，还可带动汽车工业、高级遥感、超高精度定位、图像识别以及高级人工智能等周边技术和产业的发展，已成为当前全球汽车业发展的主要方向和各国争抢的战略制高点。我国通过出台专门的自动驾驶汽车法律法规，为自动驾驶汽车的研发、测试和商业化应用提供了制度保障，有利于推动我国汽车产业实现创新驱动、结构升级，抢占产业发展制高点。

第二十七章　分享经济新业态
"伪分享"争议激烈

第一节　背　　景

　　我国分享经济发展迅猛。一方面，政府对分享经济持鼓励态度，2016 年 3 月，分享经济首次写入《政府工作报告》。2017 年 7 月，国家发改委等八部委联合印发《关于促进分享经济发展的指导性意见》，从政策层面推动这一新兴领域健康发展，破除行业壁垒和地域限制。另一方面，移动互联网、智能终端设备等领域发展带来的技术红利也为分享经济的发展起到催化作用。受益于政策红利和技术红利，我国分享经济发展规模持续壮大，根据国家信息中心发布的《中国共享经济发展年度报告（2018）》，2017 年我国分享经济市场交易额约为 49205 亿元，比上年增长 47.2%。

　　2017 年，我国分享经济同时历经融资潮与倒闭潮。一方面，分享经济迎来新一轮融资潮，获投企业中有 151 家处于初创期，约占 2017 年获投企业总数的 80%，成熟期的获投企业仅占约 20%。资本大量涌进共享单车、共享充电宝、共享雨伞等热门领域，刺激了该领域内新企业的诞生。数据显示，2017 年共有 59 家共享经济类企业成立，共享雨伞、共享充电宝成为新成立企业数量最多的领域。另一方面，资本催化下的企业生命周期迭代更快，分享经济创新活跃的同时，初创企业于 2017 年下半年迎来"团灭"倒闭潮。2017 年，7 家分享单车企业倒闭，摩拜和 ofo 被传因市场扩张成本高资金告紧，即便是背靠大财团的分时租赁企业、汽车分享企业的运营数量也在锐减，共享充电宝、共享雨伞等项目更是出现仅短短半年时间便纷纷倒闭的现象。

第二节 主要内容

分享经济创新模式引发"伪分享"争议。分享经济在我国历经了爆发式崛起，其通过互联网等新技术匹配供需交易双方，显著改善了交易成本和效率，新的企业组织方式逐渐显现，潜在服务市场被加速挖掘，分享模式正在加速向全行业渗透，成为众多行业企业下一阶段的发展思路和追逐热点。然而，分享经济自出现以来一直伴随着争议。网络上经常出现关于伪分享经济、背离分享经济初心的讨论，一种观点认为，"分享经济"的核心，是将闲置在万千个人手中的资源（如房屋、汽车、自行车等）拿来与陌生人共享使用权，在社会总保有量不变的情况下，满足更多的需求，因此以滴滴为代表的几家专车平台因充斥大量专职司机，为跑专车购置车辆而被视为"伪共享"。另一种观点认为，共享经济的主旨是"提高有限资源的使用效率，以降低资源消耗"，可以不拘泥于某种形式。随着分享平台和企业自身面临难题开始显现，尤其一年内同时经历融资潮和倒闭潮，关于分享经济发展的争议和质疑增加，再一次引发各界对分享经济本质、特征和价值的探讨争论。

第三节 主要影响或启示

理性看待分享经济。分享经济是以分散的社会闲置和富余资源为基础，通过互联网等新一代信息技术实现资源整合和优化配置，进而产生所有社会活动和经济活动的交易价值总和。因此，分享经济的本质要点有三方面，闲置或富余、资源优化配置和产生交易价值。不论分享服务以 C2C、B2C 或 B2B 哪种模式进行，只要满足以上三点，即为分享经济。

明辨分享与伪分享的界限。分享经济需要增量需求盈利，参与分享的资源越多，分享平台实现盈利的可能性越大。然而，分享平台企业在无法有效保证分享规模和质量的情况下，必然转向自营模式，通过提升服务标准化、专业化程度保障服务体验，强化平台服务把控能力、盈利水平和可持续性。

需要强调的是，自营不等于伪分享，自营服务可以通过集聚闲置或富余资源进行，同样能够实现资源的优化配置并产生价值，满足分享经济的本质要点，只是自营模式强化了平台对闲置或富余资源的统一调配和把控能力，由 C2C 分享变为 C2B2C 或 B2B2C 分享，在需求供给相对平衡的条件下，有利于实现分享程度最大化。

明辨分享与租赁的概念含义。分享经济更多地体现一种绿色、节能、可重复使用、可持续的理念，而非在概念上的执念。某种程度来说，租赁也具有分享经济特点，也是分享经济的一种表现，只是搭载了新技术的租赁经济更具有现在所谓分享经济的优势，将原来的低效率、整块时间、固定位置的专业租赁演变成高效率、碎片化、分布式的闲置租赁，使得租赁经济具有了分享经济特质，二者并非两种独立经济形态，而是新技术下的融合、演化与升级，不能因不同阶段与发展条件下的不同概念而完全割裂。

第二十八章　数据流通与交易争端频出

第一节　背　景

数据已成为提升快递企业服务质量及盈利能力的关键。在快递服务的业务模型中，前、后端收投过程的运能和成本基本上呈线性相关，提高利润水平的关键主要在于提高收投量和转运网络利用率，而这可以通过大数据技术在市场环境的分析与决策、物流供给与需求匹配、物流资源优化与配置中的应用来实现。一方面，掌握丰富的快递取件地、派件地、转运网络信息，有利于通过大数据分析来进行路线规划，为快递企业提供成本最优、时效最佳的线路选择，提升盈利能力及服务质量。另一方面，掌握包含销售、仓储、物流等在内的全供应链数据，有助于快递企业获得清晰、丰富的市场信息和供应链状态，并基于这些信息快速、准确、合理地安排资源，实现利益最大化。

菜鸟与顺丰的业务战略存在显著竞争关系。电子商务发展进入新时期，运营的中心从产品转向消费者，交易渠道线上线下全面拓展，推动供应链向以消费者为中心的 C2B 模式发展。在零售新业态下，多批次、少批量的敏捷发货比例逐渐增大，物流干线配合末端云仓或门店集散配送、利用社会化众包物流完成"最后一公里"成为对快递业的新需求。菜鸟网络应势出现，依托阿里海量电商销售数据和自建智能仓储网络为电商、物流、仓储等各类企业提供物流信息服务和增值服务，推动"智能仓储+城市宅配"快递模式迅速发展，威胁到顺丰等传统快递企业以干线物流为中心的盈利模式。同时顺丰一直试图通过加强核心快递业务服务质量、推出物流增值服务及向上下游产业链拓展业务来把握物流入口，扩大市场范围，与菜鸟在业务战略上殊途同归。

第二节　主要内容

顺丰和菜鸟陷入"数据断交门"。2017年6月1日，菜鸟网络下线顺丰旗下快递柜系统丰巢的接口信息，并将顺丰从阿里系物流选项中剔除，同时顺丰关闭了自提柜的数据信息和整个淘宝平台物流信息的回传，EMS、苏宁、圆通、国通、全峰快递、易果生鲜力挺菜鸟，并迅速接手原使用顺丰渠道的用户，京东、美团、网易、腾讯云则声援顺丰，前三家纷纷接入丰巢自提柜。6月1日当天，国家邮政局发布重要提示，指出少量快件信息查询以及时下生鲜农产品寄递业务受到了菜鸟网络与顺丰关闭互通数据接口影响，力促二者寻求解决问题的最大公约数，共同维护市场秩序和消费者合法权益。6月2日晚，国家邮政局召集菜鸟网络和顺丰速运高层来京进行协调，最终双方同意从6月3日12时起，全面恢复业务合作和数据传输。

华为和腾讯因数据"掐架"。2017年8月3日晚，华为和腾讯被报道陷入微信数据纠纷，华为近期通过获取其新推出的荣耀Magic系列手机用户的微信聊天记录，为用户推荐就餐、购物等信息，并基于微信聊天数据优化华为新款手机的智能系统。华为公司上述行为遭到了腾讯公司的强烈抗议，腾讯认为华为此举是对微信用户个人隐私的侵犯，并请求政府相关部门出面干预，以保护微信数据安全和用户隐私。华为表示荣耀Magic手机上市销售前通过了相关标准测试，并未违反我国有关用户隐私保护的法律法规，且数据属于用户，并不单方面属于腾讯或华为，荣耀手机用户在使用时已同意向华为进行数据授权，腾讯无权干涉，华为希望能与腾讯共同商讨协作解决方案。事实上，这不是华为与腾讯的第一次交锋，此前，腾讯与华为就华为手机上的微信指纹支付功能授权问题产生分歧，至今，华为手机用户在使用微信进行支付时尚不能使用home键进行指纹验证支付。

第三节　主要影响或启示

企业数据共享应加强对用户信息保护及知情权保障。菜鸟网络和丰巢这类开放平台型企业需要建立和完善数据共享规则，其数据共享授权规则要考虑三个维度，除了要控制授权有效期和接口调用频次以外，重点是要设置具体的接口权限，不同类型数据需要获得不同级别的用户授权。开放平台型企业数据接口合作模式针对获取分享用户信息应有明确规定，开放平台型企业获取用户数据以及开放数据给第三方调用，都要以简洁清晰的方式让用户知悉所调用信息及相关用途，并得到用户授权，平台不得擅自交给第三方使用并在第三方网站上呈现。

加强用户数据流通利用的监管。实施分级分类管理制度，按照行业领域、数据价值、数据特征等属性进行分类管理，明确可流通数据的范围边界。加强数据流通的全生命周期管理，将数据的流通、应用、清洗、脱敏、消除等关键环节纳入监管范围，加强对涉及国家秘密、企业秘密、个人隐私等关键行业领域的大数据监管，确保数据合法合规流通和使用。围绕行业大数据业务应用特征，制定行业大数据技术规范、防护标准和管理标准，确保大数据的规范应用。加大对倒卖、盗窃、恶意利用数据等危害社会稳定和国家安全等行为的打击和惩戒力度，提升犯罪门槛和违法成本。

第二十九章 O2O 领域竞合加剧

第一节 背 景

阿里巴巴全面布局 O2O 生态，寄望饿了么重掌外卖领域主导权。自 2015 年腾讯成为美团大众点评的主要股东之后，阿里巴巴一直寻求在外卖领域对腾讯系的突围。2016 年 3 月，阿里巴巴完成对饿了么的 12.5 亿美元投资；2017 年 4 月，阿里巴巴和蚂蚁金服以 4 亿美元增持饿了么，至此阿里系对饿了么的持股比例达到 32.94%，已取代饿了么管理团队成为其最大股东；最近，阿里巴巴向饿了么追加 10 亿美元融资用于收购百度外卖。阿里巴巴希望借此次收购的契机，结合口碑网以及支付宝实现从线上决策、排队，到线下的团购、优惠买单、配送等一系列的 O2O 生态布局，在 O2O 领域重新掌握并主导话语权。

百度全面进军人工智能和内容生态，百度外卖垂直化运作模式渐成负累。百度外卖曾是百度旗下变现能力最强的业务之一。然而，从 2016 年下半年起，百度在战略调整后全面进军人工智能和内容生态，以百度外卖为代表的 O2O 业务对资金持续投入的要求较高，与百度未来战略目标差异巨大，在资本投入方面难以兼顾，因而被战略性放弃。此后，百度先后被传与顺丰、京东、美团等方面接触寻求出售百度外卖业务，但均并未获成功。此番将百度外卖出售给饿了么后，百度对 O2O 业务的资本投入力度明显放缓，这将有助于百度聚焦于新的战略定位。

第二节　主要内容

饿了么宣布收购百度外卖。2017 年 8 月 24 日，饿了么宣布收购百度外卖，交易架构为：百度外卖以 5 亿美元出售给饿了么，百度同时作价 3 亿美元打包百度外卖流量入口资源给饿了么，收购总价值为 8 亿美元。阿里巴巴作为饿了么最大股东，为此次交易提供了大规模融资支持。而百度通过换股方式也成为饿了么的股东，占 5% 的股份。合并完成后，百度外卖成为饿了么的全资子公司，原百度外卖品牌将保留 18 个月供饿了么使用。此后百度外卖仍以独立的运营体系发展，包括管理层在内的人员架构保持不变。饿了么方面表示，过往的百度外卖已经积淀出"品质外卖"的品牌定位，保持百度外卖既有的品牌和组织架构独立运营有利于确保百度外卖的用户和商户获得稳定且高水准的服务，饿了么收购百度外卖后将向其投入资金、流量、人力等多方面的资源，形成优势互补，支持百度外卖做大做强，使用户的体验大幅度提升。阿里巴巴和百度方面均表示，将给予并购后的新平台在流量入口、智能技术、金融保险等领域的全方位、更大力度的支持。市场分析人士指出，从运营方面看，饿了么收购百度外卖后可以弥补其在高端市场部分的短板，使其市场覆盖范围更广；从技术方面看，大数据和人工智能业务一直是百度的核心未来，与饿了么合并之后也可成为配送技术的未来发展指南，使外卖服务更加精准。不过，饿了么本身在食品安全、配送服务、增值业务方面的短板在坐上行业老大宝座之后都会被放大，不同的产品逻辑也需要更长的时间去磨合，此次收购的效果还有待观望。

外卖领域垂直 O2O 市场寡头争霸。目前，我国外卖市场主要被饿了么、美团和百度外卖三巨头合围。2017 年第二季度，饿了么以 41.7% 的市场份额领先，美团外卖以 41% 紧随其后，百度外卖市场虽持续缩水但仍保有 13.2% 的份额，且百度外卖与饿了么的用户重合率不到 1%。对在垂直行业稍显优势的饿了么来说，接手百度外卖后将获得超过半数的市场份额，从而一举甩开美团外卖，在外卖垂直 O2O 市场力压美团稳坐头号交椅。

第三节　主要影响或启示

O2O市场烧钱补贴策略逐渐失效，寻找新的商业模式迫在眉睫。以外卖行业为代表的O2O市场烧钱多、盈利难一直饱受诟病。虽然O2O市场存在刚性需求，在早期曾是一片蓝海，但企业为抢占市场份额和提高用户黏性，在未确立有效商业盈利模式的前提下，不约而同地选择了通过大量补贴的方式先获得用户。然而，长时间的补贴战导致很多已融资数轮的企业因高额支出而过早耗尽资金，不得不退出竞争。以饿了么、美团、百度外卖为代表的各大O2O平台在占领市场份额的同时，迫切需要寻找新的商业模式，通过寻求差异化竞争，聚焦资源，解决垂直行业深度问题，构建更为完整的服务链条，打通供给侧上下游链条，形成盈利闭环，进一步发掘用户的深层次需求，寻求持续性的商业价值回报。

并购重组和投资参股能实现企业间优势互补，是拓展业务规模、搭建生态体系的重要手段。垂直O2O企业通过并购优质资产，可以吸纳成熟市场，获取流量优势，强化物流配送链条，整合既有资源，迅速拓展业务规模，巩固行业优势。而平台型企业通过投资参股的间接方式参与垂直细分领域的市场运作，可以大大节约资金和人力成本，提升资本使用效率，以更高效的方式搭建产业生态闭环。因此，垂直领域O2O企业可以背靠平台型企业的资金优势，拓展新兴市场，探索场景模式；平台型企业利用垂直O2O企业的专业化运营补齐生态短板，从而实现互利共赢。

技术应用创新是行业巨头巩固市场地位、实现商业价值的重要途径。饿了么与百度外卖的交易，是百度对非核心业务的剥离，证明专业化发展对行业巨头巩固自身地位十分关键。百度AI在百度外卖单量不大的情况下，已获得数十项研发专利，并成为业内第一个全运单智能调度的平台，与饿了么合并后，新平台日订单量将达千万级，每日产生的海量订单和配送数据将成为机器学习的素材，促进智能技术的进一步优化。反之，技术的进步也将推动应用场景的创新，有助于饿了么在巨大配送压力下进一步改善其调度系统，缩短配送时长，提升人效，发掘新的商业模式和价值。

第三十章　《网络安全法》颁布施行

第一节　背　景

近年来，互联网迅猛发展，与经济社会各方面深度融合，全面促进了经济发展和社会进步，网络空间已成为人类经济活动的新空间。同时，网络空间安全问题日益突出，网络犯罪活动日益猖獗，网络空间攻击行为和意识形态斗争时有发生，网络空间灰色地带大量存在，严重威胁我国经济社会安全。

党的十八大以来，以习近平同志为核心的党中央从国家总体安全观出发，就我国网络空间安全提出了一系列新思想新理论新战略，并就加强网络空间安全、推进网络网络空间治理作出了重要部署。党的十八届四中全会作出了全面依法治国的决定，要求尽快建立和完善网络安全保护方面的法律法规体系。同时，社会各界也呼吁尽快制定出台我国网络安全相关法律。为适应国内外网络安全新形势，落实党中央要求，回应人民群众新期待，第十二届全国人大常委会将制定网络安全相关法律列入立法规划。2014 年上半年，全国人大法工委成立工作组，专门负责网络安全法研究起草工作。通过召开座谈会、论证会、实地调查和反复听取有关部门、专家的意见之后，最终形成了《网络安全法（草案）》。2015 年 6 月，第十二届全国人大常委会第十五次会议初次审议《网络安全法（草案）》，并于当年 7 月 6 日全文向社会公布，公开征求意见。此次征求意见引起了极大社会反响，共收集意见和建议 4240 条。2016 年 6 月，十二届全国人大常委会第二十一次会议对草案进行了二次审议。草案二审稿于 2016 年 7 月 5 日至 2016 年 8 月 4 日第二次向社会公开征求意见，共有 231 人参与，提出 969 条意见。2016 年 11 月 7 日，第十二届全国人大常委会第二十四次会议正式表决通过了《网络安全法》。2017 年 6 月 1

日，《网络安全法》正式施行。

第二节　主要内容

《中华人民共和国网络安全法》共有 7 章 79 条，包括：总则、网络安全支持与促进、网络运行安全、网络信息安全、监测预警与应急处置、法律责任以及附则。总则共 14 条，对制定《网络安全法》的目的、适用范围、网络安全的原则和方针以及相关部门、行业和企业的职责和义务等作了规定。第二章网络安全支持与促进共 6 条，明确了国家支持和发展网络安全标准、技术、服务体系、宣传教育、人才培养等方面的内容。第三章网络安全运行共 19 条，对网络安全运行和关键信息基础设施安全保护作了明确规定。第四章网络信息安全共 11 条，对网络产品和服务提供者的安全义务和责任作了明确规定。第五章共 8 条，明确了网络安全监测预警与应急处置等措施和相关部门的责任。第六章共 17 条，明确了网络运营者和相关部门的法律责任。第七章附则共 4 条，明确了网络安全的相关术语和其他解释条款。

第三节　主要影响或启示

一是《网络安全法》的正式施行是网络空间领域贯彻全面依法治国精神的生动体现。党的十八届四中全会作出了全面推进依法治国的重要决定，明确要制定和完善网络安全保护方面的法律法规，党的十九大又提出要"建立网络综合治理体系"，"深化依法治国实践"，为网络空间治理提供方向和指南。网络空间已经成为人们生产、生活的"第五空间"，同样存在网络诈骗、网络攻击等违法犯罪活动，不仅破坏正常的网络空间秩序，而且损害个人权益和国家安全。《网络安全法》的颁布实施使网络空间治理有法可依，成为国家法律体系的重要组成部分，完善了中国特色社会主义法治体系，生动体现了全面依法治国精神。

二是《网络安全法》的正式施行为加强网络空间治理奠定了坚实的法律

基础。《网络安全法》是我国第一部网络安全领域的基础性法律，为我国网络空间治理和安全保护构建了基本的法律框架，是关键信息基础设施保护、网络信息安全保护等互联网细分领域制定相关法律、法规的主要依据，为我国建立完善的网络空间治理法律体系奠定了坚实的法治基础。

三是《网络安全法》的正式施行为维护我国网络空间主权提供了明确的法律依据。《网络安全法》首次用法的形式向全世界宣示了我国网络空间主权原则和基本权利，细化了"网络空间主权"在法律上适用的条件，结束了我国网络安全问题上没有基本法的历史，对于打击国际网络霸权、网络恐怖主义和国际网络势力渗透，维护我国网络空间主权安全和长远发展具有重要的战略意义。

四是《网络安全法》的正式施行为网络空间活动参与者和行为提供了普遍的法律准绳。互联网不是法外之地。《网络安全法》划定了网络空间活动的法律禁区，清晰界定了网络行为合法与违法之间的界限，指出了网络空间哪些行为活动不可为，确定了网络空间违法犯罪活动的惩治措施，为政府、企业和个人网络空间亮明了网络空间经济社会活动的高压线，为网络行为参与者提供了重要活动准则和法律准绳，为相关机构依法治网和依法管网提供了明确的法律依据。

五是《网络安全法》的正式施行为数字经济发展建设提供了强大的制度保障。数字经济在快速发展过程中，面临的网络安全威胁也日益增多。网络诈骗、数据泄露、针对关键信息基础设施的攻击和破坏等网络安全事件时有发生，严重威胁数字经济发展赖以生存的各类网络设施。《网络安全法》的正式施行在关键信息基础设施保护、个人网络空间活动信息以及网络安全保障等方面实现了依法管控，为数字经济健康快速发展提供了强大的网络安全制度保障。

第三十一章　中国人工智能产业发展热潮来临

第一节　背　景

人工智能已成为引领未来的战略性技术，发展方向包括机器学习、自然语言处理、计算机视觉技术等，核心是由数据与算法共同构成的机器学习。近年来，我国政府高度重视人工智能技术发展，通过政策扶持、产业应用等多种方式鼓励和推动人工智能产业发展，将其作为推动经济转型升级的主要驱动力。据统计，过去6年来，我国人工智能领域投资总额超过622亿元，新增企业1354家。2017年成为中国人工智能产业发展的重要里程碑。

第二节　主要内容

我国政府密集出台政策扶持人工智能产业发展。2017年，政府加强规划引导，密集出台一系列人工智能相关政策，为人工智能产业发展营造了良好的政策环境。3月5日，李克强总理在2017年《政府工作报告》中指出，"要加快培育壮大包括人工智能在内的新兴产业"，《政府工作报告》首次纳入人工智能；7月20日，国务院出台《新一代人工智能发展规划》，确定了我国人工智能产业"三步走"战略目标；11月15日，科技部在京召开中国新一代人工智能发展规划暨重大科技项目启动会，BAT三巨头企业（百度、腾讯、阿里巴巴）及科大讯飞入选国家人工智能开放创新平台；12月13日，工业和信息化部印发《促进新一代人工智能产业发展三年行动计划（2018—2020年）》，明确了2018—2020年期间人工智能在推动战略性新兴产业总体突破、推进供给侧结构性改革、振兴实体经济、建设制造强国和网络强国方面的重大作用和具体目标。此外，各级政府也相继出台资金、政策、人才等配套措施，支持建设人工智能示范基地和产业园。据统计，各省市发布人工智能政策共计 25 条，相比 2016 年增加了近一倍。

AlphaGo 快速迭代创新，在人机大战中再次战胜人类。2017 年 5 月 27 日，人工智能系统 AlphaGo Master 与排名第一的围棋手柯洁展开围棋人机对决，连胜三局击败柯洁，并在围棋网站创下 60 连胜的佳绩。10 月，第四代 AlphaGo Zero 经过 3 天的自我训练，以 100∶0 战胜 AlphaGo Lee，并在 40 天后以 89∶11 击败 AlphaGo Master。两年内，AlphaGo 的人工智能程序击败了众多顶尖职业围棋选手，完成了四次产品迭代，效能快速提高。AlphaGo Zero 更是无须人类经验的训练尝试，打破了人们对大数据与人工智能强相关的固有看法，推动着人工智能技术创新与产业应用的螺旋式上升。目前，人工智能已成为信息技术领域核心焦点，正加速向产业应用阶段迈进，成为推动全球经济发展的新动力。

资本和科技巨头频频青睐积极布局人工智能。2017 年被国内外媒体称为中国的"AI 年"，一方面，人工智能产业融资额不断增加。据统计，2017 年全年公布的人工智能领域融资额达到 273 亿元，仅前三季度投资总额已超过 2016 年全年投资额，真格、IDG 等著名投资机构在人工智能领域投资项目超过 20 个，多家初创企业获得上亿元融资；另一方面，阿里巴巴、腾讯、百度等互联网龙头企业竞相发布人工智能战略和规划：6 月，腾讯宣布向外开放在计算机视觉、智能语音识别、自然语言处理等领域的人工智能技术，正式进军人工智能领域；7 月，百度推出 DuerOS 和 Apollo 两个开放平台，向外界宣传百度是一家"人工智能公司"；10 月，阿里巴巴宣布成立达摩院，计划三年投资 1000 亿元人民币，开展量子计算和机器学习等领域研究。

第三节　主要影响或启示

人工智能技术未来将在多领域广泛应用。以机器学习为代表的人工智能核心技术在未来几年将进入高速发展期，并在更多领域实现广泛应用。据

Garner 公司预测，到 2020 年，全球三分之一的企业将使用人工智能技术来改进主要销售流程，金融、法律、人力资源、教育、健康等领域均可通过人工智能技术加速自动化流程、加快数据处理、制定个性化方案并进行预测。目前，我国以 BAT 为代表的科技巨头企业积极布局人工智能，在数据、算法和机器学习方面大力投入，积极研发先进技术并投入具体领域进行应用。未来，人工智能技术将被广泛引入金融、安防、医疗等行业领域，为智慧城市、智能家居等提供新动力。

智能应用和分析技术将改变信息设备厂商格局。2018 年将成为人工智能从理论进入实业、实现普及应用的关键一年。据德勤公司预测，2018 年使用人工智能的芯片量将比 2016 年翻两番。软件和服务市场将迎来高级分析技术和智能流程时代，软件编译智能化将助推信息设备厂商深度参与这一过程。苹果、谷歌、华为、IBM 等信息通信设备、互联网服务公司将致力于提升产品智能化程度，增加业务价值，普通手机用户、业务用户、操作人员和平民数据科学家将成为受益者和推动人。

人工智能技术向设备端转移趋势明显。随着硬件设备逐渐完善，智能技术逐渐向设备端转移，人工智能与各种技术结合的设备出现在生活的方方面面。2017 年，智能音箱成为科技企业争相布局的热门产品，京东上线第 6 款智能音箱，阿里推出"天猫精灵"，小米发布"小米 AI 音箱"等。据《卫报》预测，人工智能与自然语言处理结合的设备将继续发展，并将成为未来市场的主力，Siri、GoogleHome 等语音助手持续升级，将逐渐实现语音对话和更多使用功能，或将成为家庭人工智能交互的主要切入点以及家用机器人的雏形。《麻省理工科技评论》预测，人工智能将与训练终端结合，在强化学习、无监督学习和对抗性网络等领域取得突破性进展，在人力资源、教育、军事等领域拥有广泛应用前景。《泰晤士报》预测，人工智能与无人驾驶结合将有新进展，自动泊车有望在 2018 年实现。

第三十二章　工业互联网成智能制造战略发展重点

随着全球工业领域新旧动能加速转换，工业软件发展进入崭新阶段。工业互联网平台作为工业应用软件开发和部署的平台，已成为抢夺新一轮工业软件发展主导权的切入点、突破口和重要手段，各国政府和国际巨头纷纷加紧布局。在此形势下，《国务院关于深化"互联网+先进制造业"发展工业互联网的指导意见》及时印发，对我国抢抓新一轮工业互联网发展窗口期、夺取我国工业软件市场话语权至关重要。

第一节　背　　景

近年来，制造业领军企业 GE、西门子等持续推进自身的数字化、网络化、智能化转型，围绕"智能机器+工业互联网平台+APP"功能架构，开展了一系列兼并重组、业务转型和模式创新，整合平台提供商、应用开发者和用户资源，抢占工业大数据入口主导权、培育海量开发者、提升用户黏性，积极构建基于工业互联网平台的制造业新生态，进而不断巩固和强化其垄断地位。

GE 于 2015 年发布 Predix 2.0，实现对 35000 台航空发动机的全生命周期管理服务，创建超过 160 种工业 APP。西门子于 2016 年推出 MindSphere 平台，围绕高端智能装备和智能工厂运营，初步形成约 50 种工业 APP。GE、西门子均将未来 2—3 年视为规模化扩张的关键时期，根据 GE 预测，2020 年左右工业互联网平台将出现类似于消费互联网平台的爆发式增长，Predix 平台工业 APP 总量将超过 50 万个，我国工业互联网平台发展的机遇稍纵即逝。

我国工业互联网发展起步较早，在框架、标准、测试、安全、国际合作等方面都已取得初步进展，但仍存在产业支撑能力不足、标准体系不完整、引领发展的国际型龙头企业缺乏、安全保障能力薄弱等问题，一定程度上制约了我国工业互联网迈向更高发展水平。

第二节　主要内容

为全面推进我国工业互联网发展，支撑制造强国和网络强国建设，2016年，工业和信息化部按照党中央、国务院决策部署，在前期广泛调研和对重大发展问题研究论证的基础上，会同国家发改委、财政部、科技部、中国工程院等相关部门和单位，历时一年，编制了《国务院关于深化"互联网＋先进制造业"发展工业互联网的指导意见》，2017年10月30日经国务院常务会议审议通过。《指导意见》立足我国工业互联网现实基础，充分尊重技术发展和市场发展规律，与《中国制造2025》一脉相承，与《国务院关于深化制造业与互联网融合发展的指导意见》等相互衔接，各有侧重。

《指导意见》制定了科学的发展目标。适应制造强国"三步走"战略，提出了符合我国国情的工业互联网发展三阶段目标。《指导意见》突出了发展重点，明确将网络、平台、安全以及融合应用推广作为重点工作推进。《指导意见》提出建立健全法规制度、营造良好市场环境、加大财税支持力度、创新金融服务方式、强化专业人才支撑、健全组织实施机制六大保障措施，坚持落实企业主体与政府推动相结合、创新发展与保障安全相结合、自主发展与开放合作相结合、统筹部署与因地制宜相结合，以确保各项推进工作顺利进行，尽早实现发展目标。

第三节　主要影响或启示

继GE、西门子等国际巨头推出工业互联网平台之后，海尔、航天云网、三一重工、徐工、华为等国内企业也竞相推出各自的工业互联网平台，并取得重要进展。但由于我国工业企业信息化水平参差不齐，细分行业制造流程和技术差异性大，不同层级、不同环节的软硬件接口、协议、数据结构纷繁复杂，相比 Predix 和 Mindsphere 平台，推动我国工业互联网平台发展应以构建"1＋N 工业互联网平台体系"（1 个公共工业互联网平台＋N 个重点行业工业互联网平台）为发展模式，以构建共建共赢生态圈为发展方向，不断提升技术支撑能力和应用服务的广度与深度，走出一条本土化发展道路。

一是全局统筹，加快公共工业互联网平台建设。我国是制造业大国，但制造业整体自动化和智能化水平不高，需全面推动制造业升级转型。应加强统筹，加快公共工业互联网平台建设，推进公共关键技术、通用标准规范研发，以及运营模式和商业模式探索。一是支持综合服务企业联合骨干工业企业和软件企业，建设以推动工业互联网平台发展为核心任务的制造业创新中心，搭建集工业设备连接控制、工业软件管理驱动、工业技术研发承载等功能于一体的公共工业互联网平台，统筹协调多行业工业互联网平台建设。二是依托公共工业互联网平台，加大在平台架构、基础公共技术、通用标准规范等方面的研究力度，推动工业互联网平台相关基础和共性关键技术的研发和成果产业化。三是加快通用基础软件和系统接口、物联网接口、工业设备接口等的研制，推动公共工业互联网平台与行业工业互联网平台无缝对接。四是借鉴安卓操作系统的发展模式，探索建立公共工业互联网平台的有效运营策略和商业模式，实现平台综合运营服务商、工业企业、软件企业、软件开发者等建设主体的多方共赢。

二是多点布局，分领域推动工业互联网平台建设。由于工业各细分行业的差异性、分散性和制造技术的复杂性，推动我国工业互联网平台发展应按照行业发展特色，分领域推动，不断丰富和完善行业平台知识体系和应用体系。一是围绕机械、航空、船舶、汽车、轻工、电子等《中国制造 2025》中的重点行业领域，多点同时布局，以海尔、航天科工、三一重工、徐工等行业龙头企业为主体，联合同行业中小企业、互联网企业、系统集成商、平台提供商等，共同建设重点行业领域工业互联网平台，推动行业领域活动、流程、组件、模块、数据、知识、资源的垂直整合，为企业提供产品需求、设计、分析、试验、制造、服务一体化的云工作环境和共性服务。二是支持按照通用接口规范开发面向行业的工业软件和硬件设备接口，支撑工业产品全生命周期的软件集成与协同，以及工业设备的互联互通。三是加快推进行业共性基础知识库、模型库、数据库的构建，形成完善的行业知识体系，提升工业互联网平台的支撑能力。四是支持工业企业与软件企业结合行业发展的业务需求，依托工业互联网平台，发展面向工业领域业务应用的工业 APP，丰富工业互联网平台的应用体系。

三是开放合作，打造共建共赢生态圈。工业互联网平台实现了物理世界与数字世界的贯通，涉及设备管理、生产组织、产品营销、运维服务等产业链的多个环节，以及设备制造商、系统集成商、网络运营商、平台提供商等众多企业，推动我国工业互联网平台发展，应走开放、共享、互动、融合的道路。一是加快建设集合工业制造、通信服务、软件、硬件、互联网等行业骨干企业，以及高校、科研院所等研究机构的产学研用力量相结合的新型联盟组织，加快工业互联网平台技术架构和标准研究，培育自主产业生态。二是建立政府、企业、联盟协同工作体系和工业互联网平台发展咨询评估服务体系，指导工业互联网平台的建设和发展。三是加强创新能力建设，支持"众包""众创"等创新创业模式发展。四是拓宽校企、院企等人才培养合作渠道，建立复合型人才培养基地。

第三十三章　国内企业上云步伐加快

第一节　背　　景

经过近几年的快速发展，我国云计算进入了普及应用阶段，全面推动企业用户迈向云端的时机已经到来。2017 年 10 月，工信部组织召开全国云计算工作交流会暨企业上云现场会，提出有步骤、有计划地推进企业上云，带动云计算产业快速发展。

第二节　主要内容

上云比例增长。"互联网＋"等国家战略不断深入实施，我国企业越来越重视云计算、大数据等信息技术的应用。一方面，采用云计算可以让企业快速实现信息化部署，众多企业上云的成功案例也起到积极的带动作用；另一方面，国内云计算服务能力逐渐提升、价格不断下降，为企业上云提供了更便利的条件，国内企业上云比例显著提升。CNNIC 数据显示，截至 2016 年底，21.4% 的国内企业已经采用了云计算，比起 2015 年提高了 50%。

认识方面，企业对上云的重要性和可行性尚存疑虑。一方面，由于与实际应用案例接触较少，部分企业对云计算的特征和先进性，及其在提高生产效率和促进创新转型方面的作用了解不够，尚未形成运用云计算等新一代信息技术优化生产运营和实现数字化、网络化、智能化发展的主动意识。另一方面，由于对技术、产业发展状况了解不多，不少企业对云计算的可靠性、安全性仍存在顾虑，或认为云计算无法充分满足企业信息化应用需要，或担心云服务质量不佳影响业务运营或造成数据丢失泄露。这导致企业上云意愿与政府期望达成的企业上云目标存在落差，个别地方在推进过程中甚至出现"政府人员央求企业上云"的现象，大大影响了企业上云的实际成效。

实施方面，企业在上云过程中面临诸多操作性难题。多数企业及其信息化部门缺少专业云计算人才，难以完全依靠自身力量顺利上云。例如，许多企业不知如何判断自身是否适合上云或哪些业务系统适合上云，无法科学规划上云路径、确定上云的效果目标，没有能力完成云迁移过程的方案设计、测试、部署等系列动作，上云操作过程是否正确规范也缺少客观的监督评估。再如，多数企业缺乏对云服务商的了解，特别是对提供行业云服务的企业所知不多，难以选择合适的服务商及适合自身需要的云服务。又如，企业重视安全性，但很少有企业知道怎样选择和实施与所选云服务配套的安全保障措施。这些都会让企业感觉上云难，影响了企业的积极性。

供给方面，云服务能力不能完全满足企业上云需求。一是云平台企业的技术能力和服务水平参差不齐，一些企业在服务易用性、数据迁移能力、资源调配能力等方面存在不足，服务质量难以保障。二是我国软件即服务（SaaS）领域呈现"庞杂"发展态势，厂商规模普遍偏小，系统化服务能力不强，缺乏定制化服务能力，无法满足企业个性化的需求；不同云服务的数据接口不一，使服务间难以互联互通，降低了服务的易用性，也带来数据迁移难题。三是从一些地方的实际情况看，企业上云工作开展后，大量企业短时间内集中上云，会使不少云服务商在对接需求、制定方案、实施推进等环节的服务能力捉襟见肘，不能有针对性地满足企业需求，上云成效也会打折扣。因此，若在全国范围内推进企业上云，首先要强化云服务供给能力。

资金方面，单靠自身财力难以支撑企业上云。企业上云是企业信息化工作的新领域新任务，虽然从长远看，应用云计算会降低信息化成本，但初期的建设或迁移支出，对许多企业而言仍是一笔不小的费用，一些企业意愿上或能力上无法支持。另外，因上云而导致原有服务器等设备闲置，对企业而言也是一种浪费。这很容易进一步降低企业上云的积极性和主动性。因此，必须发挥政府资金引导作用，吸引社会资金探索参与路径，并鼓励和支持云服务提供商适度让利，与用户企业一起，汇聚资金等资源，加快企业上云步伐。

第三节　主要影响或启示

加强宣传提高企业上云意识。一是整合政府部门、云服务商、专业机构、研究机构等多方力量，通过研讨会、培训班、现场经验交流会等形式，开展宣贯活动，提高企业对上云重要性、紧迫性和可行性的认识。二是组织评选企业上云优秀案例，遴选面向不同种类企业的典型标杆应用，发挥示范引领作用，带动广大企业上云。三是利用各种媒体渠道，宣传企业上云的知识、典型案例和做法经验等，营造企业上云良好氛围。

提升云计算服务能力和水平。一是面向企业上云需求，加快培育一批实力强、服务优、信誉好的云计算平台和云服务企业。二是鼓励云计算企业加强产业链协作，加强云计算解决方案和应用产品研发，持续丰富云计算产品和服务，不断提高服务能力。特别是鼓励骨干云计算企业与各行业龙头企业合作，发挥行业知识和云计算技术融合优势，联合构建行业云平台，汇集行业优势资源和服务，为行业用户提供切合需求的云服务。三是培育发展一批服务于企业上云的高技术服务企业，为上云企业提供咨询、设计、实施、测试、运维等全方位的技术支撑服务，保障企业顺利上云。特别是鼓励制定差异化的"上云路线图"，例如引导中小企业根据实际需求采购云计算资源、平台支撑、解决方案、应用软件等，实现云计算初级应用，以解决企业技术应用门槛和信息化建设运营成本高等问题，推动研发设计、生产制造、营销服务模式创新。

进一步营造"企业上云"良好基础，可以从以下三个方面着手：

抓路径，确保企业上云的有序推进。一是充分发挥政府部门的引导作用，制定符合当地条件和基础的企业上云推进方案，加强统筹、分解任务、稳步推进。二是发挥产业联盟、研究机构的专业优势，面向制造业等重点行业领域，分类制定上云指南，建立集资质规范、技术规范、功能规范、服务规范于一体的规范体系，指导督促云服务商提高供给能力，并为上云企业选择云服务提供参考。三是引导和督促云服务商以切合企业应用需求、解决企业实际问题为导向，面向不同领域、不同发展层次的企业，根据实际的业务需求和已有的信息化能力，设计科学合理的上云实施方案，有步骤、有计划地推进企业上云。

抓配套，优化企业上云的实施环境。一是建立健全企业上云相关的评估测试指标体系和工作流程，培育发展面向企业上云全过程的第三方测试评估服务，督促云服务商提升服务水平。二是建立第三方机构牵头的企业上云促进平台，连接政府、云服务商、用户企业等相关各方并提供供需对接服务，重点面向政府提供政策措施、实施路径等咨询服务，根据相关指南、规范对云服务商服务能力进行评估，遴选发布优秀云服务推荐目录，为企业选择提供参考，以全面支撑促进企业上云工作。

抓资金支持，支持企业上云规模化推进。一方面，发挥财政资金引导作用，鼓励有条件的地方设立专项资金，并引入社会资本，采用后补助、PPP等多种形式加大对企业上云的扶持力度。各地应明确资金的申请、使用办法和兑付流程，由第三方机构按照企业上云认定标准进行认定，确保补贴资金落实到位、发挥实效，避免挪用、挤占、骗取补助资金等行为。另一方面，发挥云服务商主体作用，鼓励云服务商采用优惠折扣、代金券等形式给予上云企业适当让利和补贴，并支持云服务商面向上云企业开展闲置服务器等设备的回收业务，减少企业资金压力，吸引和鼓励更多企业上云。

展望篇

第三十四章　主要研究机构预测性观点综述

第一节　高德纳（Gartner）

全球最具权威的 IT 研究咨询公司 Gartner 将战略科技发展趋势定义为，正处于有所突破或崛起状态、有巨大颠覆性潜力、脱离初期阶段、影响范围和用途正不断扩大的战略科技发展趋势，这些趋势同时也具备成长快速、变动性高且在未来五年内到达临界点的特性。据 Gartner 预测，2018 年有十大战略科技发展趋势将对全球互联网和信息技术发展产生重大影响。

一是人工智能基础，即通过人工智能来改善决策机制、重塑商业模式和生态系统以及重塑客户体验。二是智能应用和分析技术，人工智能将在某种程度上出现于各个应用、应用程序和服务中。三是智能物件，这些物件通过人工智能和机器学习，以一种更智能的方式与人和环境进行交互。四是数字孪生，即通过以数字化手段呈现真实世界的实体或系统。五是云到边缘，云计算采用集中式控制和协调结构，将云服务部署到中间服务器或实际边缘，从而支持分布式执行模型。六是对话式平台，在未来几年，对话式界面将成为用户交互的一个主要设计目标。七是沉浸式体验，即结合并扩展 AR 和 VR 的混合现实体验。八是区块链技术，但在至少今后两三年，企业需要清楚地了解潜在的商业机会，还要了解这项技术的能力和局限性。九是事件驱动，到 2020 年，事件来源的实时态势感知将成为 80% 的数字业务解决方案的一个必备特点。十是持续自适应风险和信任，将安全整合到企业的开发运维工作中，以打造持续的开发安全运维流程。

第二节　IDC

全球知名信息技术咨询服务提供商 IDC 认为，在全球进入数字经济时代的同时，中国的数字化转型将进入加速期，2018 年中国广义 ICT 市场规模将超过 7200 亿美元，年增长率为 7.1%，文化复兴、科技引领、创新驱动、全球布局、民生为本等五大关键词将引领中国数字经济的发展方向。在此基础上，IDC 对 2018 年中国 ICT 市场发展趋势做出了十大预测。

一是数字经济将占半壁江山，中国到 2019 年在数字化转型领域的支出预计将达 3100 亿美元，相比 2017 年增加 35%。二是"一带一路"将加速中国创新，"互联网 +"、大数据与人工智能、消费升级等领域相关的政策和模式也开始规模化影响世界。三是 IT 技术的融合跨界趋势将推动企业 CxO 的能力转型，有技术经验的 CxO 将越来越多。四是企业数字化平台将面临开放重构。五是分布式和专属化的云计算 2.0 时代即将到来。六是区块链与数字信任有望进入规模化应用。七是新一代安全解决方案将重构网络安全市场。八是消费型人工智能将为企业发展赋能。九是增强现实等多样化的人类数字接口将进入实用阶段。十是量子计算进入商用的时机更为成熟。

第三节　CB Insights

知名市场调研分析机构 CB Insights 预测，2018 年全球将迎来汽车订阅、AI 芯片争霸、在线同步社交兴起等十三大重要科技趋势。

一是汽车进入由所有权向使用权转移的"付费订阅"时代，沃尔沃、林肯、保时捷等传统汽车巨头将尝试采用"订阅"的共享型汽车使用方式以应对来自 Uber 和 Lyft 的竞争压力。二是全球 AI 芯片争霸加剧，英伟达、英特尔等传统芯片厂商持续发力，谷歌、苹果也推出 TPU 芯片、A11 仿生芯片，与此同时，中科寒武纪等中国 AI 科技公司的崛起将加剧中国与美国的 AI 芯片主导权之争。三是在线同步社交社区（MSOCs）将大规模兴起，支持实时互动的互联网直播模式将流行。四是科技与地缘政治之间的交互影响加大，科技公司跨国并购与合作将受到更严格的审查。五是互联网用户对网络安全问题将更为重视，对个人信息所有权将更为敏感。六是云计算可达按秒计费，2018 年云计算等创新技术会有更加广泛、更为灵活的应用。七是健身科技与智能硬件的结合将更为紧密，个性化、定制化健身模式在 2018 年将更为普遍。八是配备微型智能传感器的智能药片将更为普及，帮助医生更好地诊断和跟踪疾病。九是实体零售面临颠覆式变革，无人商店、自动售货机、线上线下融合等新零售趋势更为凸显。十是全息影像增强现实技术市场化步伐加快，苹果 ARKit、谷歌 ARCore 等工具将为增强现实产品的开发提供广阔平台。十一是 3D 打印将从创意工具，变为推动制造业转型发展不可或缺的重要技术。十二是智慧养老市场机会更为丰富。十三是互联网巨头将加速向房地产等重资产领域渗透。

第四节　IHS Markit

　　全球知名信息服务提供商 IHS Markit 认为，从物联网到云计算，再到人工智能，互联网行业正在经历一波新的技术浪潮，新兴信息技术将以崭新的方式聚集在一起，从根本上改变企业、推动创新、颠覆行业。该机构在"2018 全球技术八大趋势"中阐述了 2018 年影响全球市场的八大变革性技术。

　　一是人工智能，预计将在消费电子、汽车、医疗等行业形成独特竞争优势。二是物联网，将沿"连接—收集—计算—创造"的趋势持续快速发展，物联网连通性将大大增强，与物联网相关的技术也将会越来越成熟。三是云计算和虚拟化，将更广泛地服务于人工智能和机器学习的应用。四是 5G 技术，将迅速迈向商用，为万物互联带来重大机遇。五是高清屏幕和摄像头，将广泛应用于个人和企业终端，引爆视频创作、发布和消费，使得数据流量发生剧增。六是计算机视觉，2018 年该技术的重要性将与日俱增，并在机器人、无人机、交通、医疗等领域加速推广应用。七是机器人和无人机，将持续影响并有望颠覆制造业长期以来的商业模式，影响到物流运输、仓储分拣、自主导航和货物配送等关键领域，据预测，2018 年全球机器人和无人机市场将增长至 39 亿美元。八是区块链，将持续推动分散金融交易，并在广告测评、反广告欺诈、音乐版权保护、电子产品供应链管理等金融服务以外的领域不断发展。

第五节　英国国家科学、技术和艺术基金会（NESTA）

英国国家科学、技术和艺术基金会发的 2018 年十大技术突破和社会趋势预测中，多项均与人工智能的发展密切相关。

一是无人机将提供公共服务。2018 年，各大城市将较大规模地利用无人机提供公共服务，如递送包裹、支持执法等。

二是互联网将走向绿色环保。随着各国政府向绿色经济转型，2018 年各国将会采取更多措施走数字循环经济之路，对非可循环利用的一次性设备实施重税或加以禁止。

三是各国将更重视对人工智能实施监管。2017 年，人工智能在全球掀起一股热潮，但政策和监管却显滞后。2018 年，各国政府将开始认真思考人工智能监管问题，将着手行动采取措施，引导其更加安全和合乎伦理地使用。

四是科技巨头将收购医疗保健提供商。人工智能已经成为当今时代的突破性技术，在健康领域也显示出越来越多的应用。科技企业都在大力投资医疗保健产业。2018 年，大型 IT 企业将会收购医疗保健提供商，以此作为开发健康领域算法的突破口。

五是模拟将成为政策制定的主流创新方法。模拟曾仅被用于防灾或军事演练，2018 年，模拟方法将被用于顶层设计，在政策制定、行业监管等涉及复杂系统决策中发挥更大作用。

六是消费者数据开始为监管机构所用。2018 年，监管机构开始利用数据更多地为消费者谋福利。

七是合作经济新形态出现。2016 年，合作经济成为旅行、购物和理财的一大颠覆因素；2017 年，合作经济监管力度加大。而 2018 年，合作经济的推动者们将会努力推动合作经济新形式、新形态的出现，合作经济将再一次颠覆市场。

八是国家走向虚拟化。2018 年，公民身份不再由地域来界定，互联网使得工作可以在世界任何一个角落进行，深刻改变劳动力结构，进而对社会模式构成挑战，继而使得国家的概念走向虚拟化。

九是情绪心理识别监管迫在眉睫。人工智能在被用于识别人的情绪和预测心理健康，也可能面临滥用风险，针对情绪心理识别的监管将被提上日程。

十是人和机器将共同创作艺术作品。人工智能的出现对于创意产业具有深远意义，2018 年特纳艺术奖有可能颁给人工智能和艺术家共同创作的作品。

第六节　《麻省理工科技评论》（*MIT Technology Review*）

全球影响力最大的商业技术类期刊之一《麻省理工科技评论》分析了 2018 年全球十八大关键科技领域，重点探讨了 2018 年全球科技格局、人工智能、区块链、增强现实、网络安全等的发展趋势。

从全球格局看，2018 年，全球进入数字革命新阶段，国际关系、政治经济和国家治理将迫切需要新的模式。脸书、谷歌、亚马逊等体量巨大的全球性平台正在定义全新的"政治经济体"，关于知识产权、隐私、数据和运营许可的争论会越来越多。在科技创新投资方面，2018 年硅谷的创新能力将仍全球领先，欧盟、中国等其他创新中心也正在大步向前迈进。更多资金将流入技术公司，并集中企业成长的后期阶段，市场早期阶段可能将出现资金缺口。

从人工智能发展来看，第一，2018 年人工智能软件堆栈将继续变革传统软件，专用硬件和新的机器学习框架将创造全新的软件开发方式和人机交互方式；第二，人工智能将成为大型企业的技术投资重点，将 AI 战略与公司组织变革结合的企业在 2018 年将有更大的发展潜力；第三，人工智能将在强化个体的能力的同时，影响和改变就业格局。

从区块链发展来看，第一，2018 年密码技术将走向实用，AI 开发人员会越来越多地尝试将人工智能与和区块链有机结合，构建数据共享机制，使用区块链和智能合约实现各个 AI 调解机器间的交互；第二，加密虚拟货币"挖矿"迫切需要能源，比特币等虚拟货币的"挖矿"耗能将以每月 20% 的速度增长，2018年的"挖矿"消耗的能量将是一年前的10倍；第三，加密技术投机可能会引发市场泡沫，中国市场的虚拟货币发展前景不明朗。

从增强现实发展来看，2018年增强现实将继续"小火慢煮"状态，人工智能和区块链在金融科技、医疗保健和能源领域的发展将为增强现实的变革提供更大机遇，但增强现实迎来"大火沸腾"仍需时日。

从网络安全态势来看，2018年，利用机器学习技术、聊天机器人、自然语言技术和智能化密码攻击方式的新型网络攻击可能出现。

第七节　德勤（Deloitte）

全球知名管理咨询公司德勤基于对世界各国数百名行业主管和评论家的访谈，以及对世界各地数万名消费者的调查研究，重点着眼于世界与中国科技、传媒和电信行业在的发展趋势，发布了对2018年科技、传媒和电信的行业趋势的六大预测。

第一，增强现实（AR）技术正当风口。软硬件产品水平的提高和政府的政策支持为AR在中国的移动端爆发营造了良好的生态环境，中国将迎来"AR＋"时代。德勤预计，2018年起，AR发展进入追求质量的阶段。未来AR将突破基础应用层面，深入各个领域。

第二，直播行业蓬勃发展。德勤预计，2018年全球现场直播行业将产生5450亿美元的直接收入，传统渠道将贡献98.5%的收入，剩余收入来自网络直播和电竞直播。2018年，现场直播在数字技术的帮助下，将继续保持繁荣发展状态。

第三，人工智能向多领域渗透。人工智能正处于第三次快速发展浪潮中，深度学习、图像识别、语音识别等技术将极大颠覆传统产业，机器学习的实用性将大幅增加。德勤预计，到2018年，全球大中型企业机器学习应用与试点数量将翻倍。

第四，数字内容订阅量持续攀高。据德勤估算，到2018年底，在发达国家生活的成年人有一半以上会订阅至少两种纯数字内容服务，消费者为数字内容付费的意愿将日益提高，到2020年该数字将上升为四种。内容生产商将转向提高线上订阅业务的利润,提供更加有吸引力、内容更丰富的线上内容服务。

第五,智能手机迎来微创新时代。德勤预计,自 2018 年起的未来五年内,智能手机市场的渗透率、使用频率、出货量都将继续增长。区别于以往针对手机外形设计的改造,未来智能手机主要通过对处理器、传感器、软件、人工智能和内存的改进提升手机的使用性能和用户体验,智能手机将迎来微创新时代。

第六,空中上网将更为普及。随着卫星供应商、ATG 供应商以及接受设备方技术的进步,2018 年航班上网服务将迎来提速降费时代。据预测,2018 年全球超过四分之一的乘客可以在空中享受到互联网服务,空中上网市场规模约为 10 亿美元。

第八节　麦肯锡（McKinsey）

全球知名管理咨询机构麦肯锡全球研究院对中国数字经济进行了分析,从电子商务、移动支付、创新创业、科技投融资几大角度,预测 2018 年中国的新一轮数字化浪潮将呈现去中介化、分散化和非物质化的特征,并成为中国经济增长的重要动力。

在电子商务领域,中国的零售电商交易额在全球占比超过 40%,超过法、德、日、英、美等五国的总和。

在移动支付领域,中国互联网用户的移动支付普及率从 2013 年的 25% 跃升至 2016 年的 68%,交易额高达 7900 亿美元,相当于美国的 11 倍。

创新创业领域,全世界 262 家独角兽公司(估值超过 10 亿美元的私营初创企业)中有三分之一是中国企业,占全球独角兽公司总估值的 43%。

科技投融资领域,中国科技领域的风险投资发展迅猛,投资总额从 2011—2013 年的 120 亿美元跃升至 2014—2016 年的 770 亿美元,在全球风投总量中的占比从 6% 提升到了 19%,大部分风投资本流向了数字技术,在虚拟现实、自动驾驶汽车、3D 打印、机器人、无人机和人工智能领域的风投规模位居世界前三。

麦肯锡预计，从 2018 年到 2030 年，年轻而庞大的市场规模、不断扩张的数字化生态系统、中国政府的主动支持和引导将成为中国数字经济强劲发展的三大主要因素。数字经济将为中国创造 10%—45% 的行业总收入，新经济新模式将重塑各行各业，促进生产力和生产效率的提升，为中国经济带来巨大转型机遇，并有力提振中国企业的全球竞争力。

第三十五章 2018年中国互联网整体运行发展展望

2017年，我国互联网领域呈现全面加速发展态势，互联网、大数据、物联网、人工智能等技术创新和应用成果持续快速涌现，与实体经济融合程度进一步加深，互联网管理日益跟进，融合发展、包容共生的互联网发展格局初步形成。展望2018年，在党的十九大精神的指引下，我国互联网发展将进入新时代，互联网领域新技术与实体经济的融合发展将全面深入，互联网企业"走出去"能力持续提升，互联网领域治理体系将加快形成，行业发展将不断走向规范。

第一节 互联网和实体经济深度融合步伐将进一步加速

2017年，工业和信息化部、农业部、商务部等部门以及北京、上海、河北等20多个省市相继发布促进互联网与制造业、现代农业、零售业等领域融合发展的相关政策。互联网推动制造业"双创"资源加速汇聚，制造业骨干企业"双创"平台普及率已达60%以上，海尔、航天云网等企业"双创"平台在制造资源汇聚、专业能力输出、模式创新等方面取得积极进展，促进了制造业生产和服务资源在更大范围内实现更高效率和更加精准的优化配置。互联网加速向零售业渗透，阿里巴巴、京东等众多线上企业加快布局实体零售店，推出了盒马鲜生、京东之家等新型零售方式，通过应用人脸识别、自动结账、手机付款等技术，重构传统零售环节。

党的十九大报告要求"推动互联网、大数据、人工智能和实体经济深度融合"，为互联网进一步发展指明了方向。展望2018年，随着党的十九大精

185

神的宣贯落实，各地区、各部门将更加重视和推动形成面向互联网与实体经济深度融合发展的政策措施，并积极推进示范工程落地实施。阿里巴巴、腾讯、百度等互联网巨头为抢占发展先机，也必将继续加快深度学习、人脸识别、智能机器人等新技术新产品在农业、工业、服务业等实体经济领域的应用。传统行业企业将结合自身优势，在技术应用、数据挖掘、服务体系建设等方面加快与互联网企业合作的步伐，共同推动互联工厂、智能物流、无人商店、刷脸支付等服务体系建设，不断提升适应经济发展新阶段的能力。

第二节　工业互联网将成为先进
制造业加速发展的引擎

国家高度重视工业互联网在发展先进制造业中的重要作用。2017 年 10 月 30 日，国务院常务会议通过了关于发展工业互联网的指导文件，助推中国制造业加速提质增效。工业和信息化部部署实施了工业技术软件化工程、百万企业上云工程、百万 APP 上云工程、工业互联网重大专项工程等一批重点项目，加快构建工业互联网产业生态。制造企业和信息技术企业深度布局工业互联网，三一重工、徐工、海尔、航天科工、东软、浪潮等众多制造业企业和信息技术企业加快工业互联网平台建设，重构制造技术体系和价值体系，推动先进制造业不断向全球价值链高端攀升。

展望 2018 年，随着指导意见落地实施，促进工业互联网的配套措施和试点示范项目将加快出台实施，政府推动、企业主导的工业互联网发展机制加速形成，一批国家级工业互联网平台和企业级平台将陆续推出，机械、航空、船舶、汽车、电子等重点领域工业互联网将呈现多点开花的局面。工业互联网辐射带动作用将持续发挥，技术门槛和应用成本进一步降低，大型企业制造服务资源、专业技术能力、管理经验等复制推广力度加大，中小企业将成为工业互联网应用主力军。海尔、航天云网、树根互联等行业龙头企业继续推动和完善工业互联网平台建设，加快提高资源、知识、数据等垂直整合力度，推动服务模式和商业模式创新。

第三节　物联网进入新一轮大规模部署和应用期

窄带物联网部署加速，2017 年，中国电信、中国移动、中国联通等基础电信运营商积极推进 NB - IoT 基站和网络建设，加快商用布局，上海、青岛、雄安新区、鹰潭等地 NB - IoT 已正式商用。物联网创新应用进入新阶段，2017 年，我国车联网、智能硬件、M2M（机器到机器）、智能电网等领域接入物联网平台的设备爆炸式增长，目前我国已部署的 M2M 终端数量突破 1 亿，成为全球最大的 M2M 市场。物联网应用推动新的零售模式不断涌现，阿里巴巴、京东、苏宁云商相继推出无人超市、无人便利店，在物品展示、支付结算、安全保障等领域加强物联网技术深度应用，极大地提升了购物体验。

展望 2018 年，随着物联网等相关政策的进一步实施，窄带物联网将进入大规模部署阶段，三大电信运营商以及华为、中兴等信息技术领先企业将加快部署，窄带物联网基站和商用网络建设将呈现大规模增长态势。窄带物联网将进入大规模商用阶段，基于 NB - IoT 的智能传感器、智能电表、智能泊车系统、智能血压计等产品将快速涌现，智能制造、智慧能源、智慧安防、智慧交通、智慧养老将成为窄带物联网重点应用领域。物联网应用创新进入生态构建期，阿里巴巴、腾讯等互联网企业以及电信运营商等企业基于自身优势将加快构建开放平台，推进产业链上下游、应用开发资源、技术产品等垂直整合，智能家居、车联网、移动医疗、物联网通信等领域物联网产业生态将加速形成。

第四节　人工智能将推动互联网业务提档提质发展

互联网企业已然成为应用人工智能的主力军，2017 年，互联网企业加快通过布局人工智能提升自身主营业务供给能力，部分有实力的互联网企业纷纷加快研究院或实验室建设，重金扩充高端技术人才，推出人工智能开放平台，拓展新型服务能力。BAT、京东、滴滴、美团、今日头条等企业加快借助人工智能，提升各自主营业务的核心竞争力和用户体验。人工智能开放平台建设方面，百度、腾讯、阿里巴巴先后推出了 Duer OS、Apollo、"AI in Car"、ET 等开放平台，围绕智能家居、无人驾驶、城市管理、医疗服务、工业生产等领域打造产业生态圈。

展望 2018 年，互联网企业将加快走向以深度技术创新支撑产品及服务革新发展的道路，人工智能商用化将加速，基于人工智能的产品和服务将迅速增多。百度、腾讯等提出的人工智能生态计划将进一步加快落实，BAT 等投资收购人工智能创新企业的步伐将会进一步加快，帮助自身获得更强的连接、资源获取和信息服务能力。随着百度、阿里巴巴、科大讯飞等企业人工智能平台成为国家级人工智能平台，自动驾驶、城市大脑、医疗影像、智能语音等领域我国人工智能产业生态将更加完善和健全，更多的中小型互联网企业将基于上述人工智能平台加快产品和服务创新。人脸识别等人工智能技术将加快成熟，并从线上走到线下，将在无人零售、快捷支付、酒店入住、高铁检票、机场安检等场景得到快速应用。

第五节　互联网管理将加速走向法治化和精细化

互联网管理加速迈入新阶段，呈现出新特点。2017 年，我国互联网立法活动不断加速，互联网细分领域及地方加快出台相关规范性和指导性文件。《网络安全法》的正式实施标志着我国互联网全面迈入法治化阶段。在社会管理方面，交通部等十部门联合出台了鼓励规范互联网租赁自行车发展的指导意见，北上广深及成都等地也发布了相关指导性文件。在网络安全保护方面，针对国家网络安全事件应急、网络产品和服务安全审查等均出台了相应文件。在信息内容服务方面，网信办针对新闻信息服务管理先后发布了从业人员、信息服务、新技术新应用安全评估、服务许可等方面的规范。在社交网络方面，网信办针对跟帖评论、论坛社区、群组信息、用户公众账号先后发布了服务管理规定，并对信息内容管理行政执法程序作出了规范。

党的十九大为全面推进依法治国、建设社会主义法治国家指明了前进方向，依法治国的理念将进一步渗透各个领域，展望 2018 年，我国互联网立法环境将发生深刻变化，互联网管理将加速朝着精细、安全、规范的方向发展，互联网管理规范的内容将不断丰富。基于《网络安全法》的互联网法律框架将更加完善，监管部门将加快正式出台个人信息和重要数据出境、关键基础设施、未成年人网络保护等多项配套法律法规及标准。传统法律体系加快调整以适应互联网发展，反垄断、企业权责等各项制度的具体要求、相关主体职责及监管方式将得到更新。热门领域互联网专项立法将加快，无人驾驶、数据采集流通、金融等领域和行业的互联网专项立法进程将进一步加快。

后　记

　　《2017—2018 年中国互联网产业发展蓝皮书》由赛迪智库互联网研究所编撰完成，力求全面展现中国互联网产业发展成就，系统总结中国互联网产业发展经验，科学展望中国互联网未来发展趋势，为中央及各级地方政府、相关企业及研究人员提供参考和借鉴。

　　全书分为综合篇、行业篇、企业篇、政策篇、热点篇、展望篇六个部分。参加本课题研究、调研及文稿撰写的人员有王鹏、安晖、陆峰、谭霞、庄金鑫、王凌霞、刘柳、宋迎、马英才、王哲、王丽丽等。在研究和编写过程中，本书的编撰得到了相关部门、行业专家的大力支持和具体指导，在此一并表示诚挚的感谢。

　　本书虽然经过广泛的调研、深入的研究和讨论，在编写过程中也经过多次修改，但鉴于研究经验、能力水平和编写时间有限，难免存在不足之处，敬请相关政府部门、科研院所、互联网企业、社会团体等社会各界人士提出宝贵的意见和建议。

赛迪智库

面向政府　服务决策

思想，还是思想
才使我们与众不同

《赛迪专报》	《两化融合研究》	《财经研究》
《赛迪译丛》	《互联网研究》	《装备工业研究》
《赛迪智库·软科学》	《网络空间研究》	《消费品工业研究》
《赛迪智库·国际观察》	《电子信息产业研究》	《工业节能与环保研究》
《赛迪智库·前瞻》	《软件与信息服务研究》	《安全产业研究》
《赛迪智库·视点》	《工业和信息化研究》	《产业政策研究》
《赛迪智库·动向》	《工业经济研究》	《中小企业研究》
《赛迪智库·案例》	《工业科技研究》	《无线电管理研究》
《赛迪智库·数据》	《世界工业研究》	《集成电路研究》
《智说新论》	《原材料工业研究》	《政策法规研究》
《书说新语》		《军民结合研究》

编 辑 部：工业和信息化赛迪研究院
通讯地址：北京市海淀区万寿路27号院8号楼12层
邮政编码：100846
联 系 人：王 乐
联系电话：010-68200552 13701083941
传　　真：010-68209616
网　　址：www.ccidwise.com
电子邮件：wangle@ccidgroup.com

赛迪智库
面向政府 服务决策

咨询翘楚在这里汇聚

信息化研究中心	工业化研究中心	规划研究所
电子信息产业研究所	工业经济研究所	产业政策研究所
软件产业研究所	工业科技研究所	军民结合研究所
网络空间研究所	装备工业研究所	中小企业研究所
无线电管理研究所	消费品工业研究所	政策法规研究所
互联网研究所	原材料工业研究所	世界工业研究所
集成电路研究所	工业节能与环保研究所	安全产业研究所

编 辑 部：工业和信息化赛迪研究院
通讯地址：北京市海淀区万寿路27号院8号楼12层
邮政编码：100846
联 系 人：王 乐
联系电话：010-68200552 13701083941
传　　真：010-68209616
网　　址：www.ccidwise.com
电子邮件：wangle@ccidgroup.com